▶「札幌でご活躍の方を、1年365日毎日ご紹介し（ビミョーな歌と自らの拍手、そのあと飛び出すこの○○○、くの人が「なんじゃこりゃ」と思ったはずです。15年間勤めたコミュニティーFM局から独立し、2012年5月1日に第1回を配信したこの動画サイトは、その「なんじゃこりゃ」が波紋のように広がる中、2015年3月27日までにあれよあれよで1000人達成。出演者を探し、出演交渉し、自ら聞き手となって収録し、その日のうちに編集して掲載する。これを、「お世辞にもITに強いわけではない女がたった一人でやりきった」と、自分でも驚くほどの注目をいただき、「話を聞かせて」とたくさんの逆取材を受けました。

フクツの人々 ①

おかげさまで1000人達成！

「1000人達成したらパーティーをしよう！」。900人を超えたあたりから、仲良しの友人が集まると必ずこの話題。私もそれを楽しみに頑張っていた一面がありながら、いざ達成してみるとふと我に帰り、「自分が好きで始めたこと。忙しいみなさんを集めてパーティーだなんてオコガマシイ」と思うようになりました。しかし友人たちは、「福ちゃんがみんなを集めるんじゃなくて、頑張った福ちゃんを私たちがお祝いしたいんだから。福ちゃんは来賓のつもりでいいから」なんてうれしいことを言ってくれるので、皆さんにお礼を言えるチャンスと思い、その年の6月にパーティーを開催。大勢の出演者の皆さんにお集まりいただき、とても幸せな時間を過ごしました。中でもジャズピアニストの福居良さんがお祝いにと演奏してくださったことは生涯の思い出。福居さんは翌年病で他界されましたが、「あの日、あのパーティーで良さんの演奏が聴けてよかった」と、今でもたくさんの方に感謝されます。

人の縁とは不思議なものです。札幌人図鑑がなければ、あの人に出会えなければ…そんな思いでいつも胸がいっぱいになります。

▶1000回到達までの苦労話をよく聞かれます。高熱を出したこともあったし（解熱剤を飲んで強行）、車が雪で埋まって動けなくなったり（通りすがりの人に掘り

起こしてもらってセーフ)、取材に行く途中で追突事故に遭ったり(あとで大変な目に)…いろいろありましたが、一番の「絶体絶命」は、まさにその1000回目の取材の前日でした。1000回目のゲストとして取材を申し込んだのは、ノーベル化学賞を受賞された北大の鈴木章名誉教授。我ながら「よくお時間をいただけたなぁ、信じられないなぁ」と感激しつつ準備をしていました。

　すると夜になって父から電話。涙声です。「ママ(母)が、体が痛い痛いって。心配するからお前には言うなって。でも、こんなに痛がって。もう、どうしたらいいか分からなくて。おーいおいおい…(涙)」。父から泣きながら電話が来たのはもちろん初めて。「体が痛いって？　泣くほど痛いってなんで？　いつから？　病院は?…とりあえず今すぐ行くから、しっかりして!」。そう叫んでタクシーに飛び乗りました。

　市内にある実家へ向かいながら、「怖い病気だったらどうしよう」という強い不安、それと同時に「あぁ～、札幌人図鑑はこういうオチだったのか」と妙に納得しちゃったんですね。999回まではイケたけど、1000回目でトラブル発生、最後の最後で達成ならず。ざんねーん!…あぁ～、そういうオチか。でも…でも…私が残念なだけで、誰かが困るわけじゃないんだ。…明日の取材、やっとお会いできるはずだった鈴木教授にお時間をいただくチャンスはもう2度とないだろう。でもしょうがない…しょうがないんだ。ある意味、私らしいじゃないか。そう思って涙がぽろっとこぼ

相棒のパソコンと札幌人図鑑のトップ画面

れた瞬間、大阪在住の姉からメールが。「いま飛行機取ったから！ お姉ちゃんがすぐ向かうから大丈夫だよ！」。あああああーーーーーお姉さまぁぁぁぁ!!

そんなわけで、一度は完全に諦め精神的大打撃を受けたものの、奇跡の大逆転。翌日は無事、鈴木教授の取材へ向かうことができたのでした。実はそこでまた、ステキなサプライズが待っていました。緊張の面持ちでドアを叩き、「取材に伺いました、ふくつですぅ〜」とおずおずとドアを開けた瞬間、5人くらいいらしたでしょうか、女性の秘書の方々が一斉に立ち上がり、「1000回達成おめでとう〜、札幌じ〜ん・ず・か・ん！ おめでと〜う！」と、オープニングソングを歌い拍手で出迎えてくれたのです!!…これねぇ、うれしいを通り越して、本当に腰が砕けて感激でワナワナしました。「私はなんて幸せなんだろう。札幌人図鑑を続けてきてよかった」……。

時間通りに到着された鈴木教授はとても朗らかな方で、「1000人もインタビューしたんですって？ すごいですね。やっぱり女性は真面目で根性があるなぁ」とほめてくださいました。

▶そんなわけで、1000回の泣き笑い劇場の中から70人のお話をご紹介します。すぐそばにいる"普通の人"のライフストーリーは想像以上にドラマチックで、いまも私の心に残り、元気や勇気、明日を生きるヒントをいただいています。私というフィルターを通して、ぜひあなたもステキな札幌人と出会ってください。

3つのお題を書いたスケッチブックは30冊以上に

札幌人図鑑

福津京子

フクツの人々❶ おかげさまで1000人達成！ P001

1章　知らなかったワタシ

001 **小谷晴子**さん　NPO法人札幌アシストセンターマザー理事長 P012
こんなに大変な事だったなんて

002 **早川渉**さん　映画監督 P015
もしあの映画を観ていなかったら

003 **嵯峨治彦**さん　馬頭琴と喉歌奏者 P018
原体験は大滝詠一だった

004 **小島紳次郎**さん　ウエス代表取締役社長 P021
若者を集めるには音楽だった

005 **猪熊梨恵**さん　札幌オオドオリ大学学長 P024
外に出ていけばいいんだ！

006 **南ゆき**さん　「cafe自休自足」オーナー P027
どうやればできるかを考えた

007 **エリサ**さん　風船の魔法使い P030
きっかけは自分でしかつくれない

008 **中野展裕**さん　うどんコミュニケーター P033
みんなでやればこんなにおいしい！

009 **門田佳正**さん　北海道シャンソン'エスポワール'会長 P036
たった1曲の持ち歌から始まった

010 **石水創**さん　石屋製菓代表取締役社長 P039
4代目社長はお菓子も創る

011 **小砂憲一**さん　アミノアップ化学代表取締役会長 P042
結論のすぐでない事を粘り強く研究

012 **幡優子**さん　株式会社テックサプライ代表取締役 P045
その人じゃなきゃダメな事がある

013 **よっちゃん**さん　「うたごえ便よりみち」代表、アコーディオン弾き P048
あれっ？　私ひとりじゃなかった！

014 **岩井尚人**さん　一般社団法人プロジェクトデザインセンター専務理事 P051
エネルギーロスをなんとかしたくて

もくじ

| 015 | **後藤栄二郎**さん　丸美珈琲代表取締役 ……… P054
あまりコーヒーが好きじゃなかった（笑）

| 016 | **ラノベプロジェクト**　リノベーションや家具作りに取り組む夫婦ユニット … P057
「りのべ」の一歩手前で「らのべ」です

| 017 | **林里紅**さん　犬ぞりレーサーから建設業へ ……… P060
第六感を経営に生かす

| 018 | **しものまさひろ**さん　あへあほ体操考案者 ……… P063
走る事だけは得意だった

| 019 | **小林優子**さん　札幌五輪のリュージュ選手「りんごちゃん」……… P066
オリンピックに1番近い競技

| 020 | **竹田雄基**さん　リュージュコース作りの職人 ……… P069
とにかく真っ白じゃないと

| 021 | **林文浩**さん　瓦職人 ……… P072
目の届かない仕事こそ自分に厳しく

フクツの人々❷　師匠NIPIOくんとの出会い ……… P075

2章　なりたかったワタシ

| 022 | **中島宏章**さん　動物写真家 ……… P078
誰もやっていない事こそ面白い

| 023 | **深田健一**さん　キリギリスの初鳴き日と稲作の作況指数の関係を調べる …… P081
33年間、1日も欠かさず調査

| 024 | **大橋弘一**さん　野鳥写真家、自然雑誌「faura」編集長 ……… P084
何かやらずにはいられなかった

| 025 | **川渕幸江**さん　錦水流水引第三代宗家 ……… P087
守るために変わる

| 026 | **端　聡**さん　美術家・アートディレクター、CAI現代芸術研究所代表 …… P090
ドイツ流、アートなまちづくり

| 027 | **嬉野夕起子**さん　日本一バイクツーリングにハマっている主婦 ……… P093
バイクで日本一周なんて…

| 028 | **東野早奈絵**さん　北の紙工房「紙びより」……… P096
トラックでフェリーに乗って

もくじ

029 **竹島悟史**さん 「ハサミヤサンドイッチ」店主 ……………… P099
とにかくアメリカに憧れていた

030 **久津知子**さん 将棋の普及に力を尽くす女流棋士 ……………… P102
初めは保母さんになろうと思っていた

031 **石塚裕也**さん 「サイクリングフロンティア北海道」代表 ……………… P105
サイクリング観光は北海道に革命を起こす!

032 **髙室典子**さん 「助産院エ・ク・ボ」院長 ……………… P108
私自身が必要としていた人になりたい

033 **木原くみこ**さん 地域FM「三角山放送局」を運営する「株式会社らむれす」取締役… P111
ラジオに行きたいと言いつづけた

034 **武石伸也**さん 鈴鹿8耐ライダー ……………… P114
身銭を切って走る今のほうが断然楽しい

035 **綴家段落**さん 素人噺家 ……………… P117
50歳から始めて良かった

036 **大西希**さん 鶴雅ホールディングス取締役 ……………… P120
北海道をアジアの宝に

037 **クレイン中條**さん 北都プロレス代表・レフェリー ……………… P123
力道山を見て心に誓った

038 **大城和恵**さん 医学博士・国際山岳医 ……………… P126
山の救助に医療で貢献したい

039 **髙室仁見**さん 豪華客船で世界を旅した鍼灸師 ……………… P129
私にしかできない働き方を

040 **富山睦浩**さん サツドラホールディングス代表取締役会長 ……………… P132
根室の漁船に薬を積むのを見て

041 **長沼昭夫**さん 洋菓子の「きのとや」代表取締役会長 ……………… P135
「お菓子屋っていい仕事だよね」

042 **大森由美子**さん 日本茶専門店「大森園」代表取締役 ……………… P138
「この店は自分が継ごう」と心が動いた

043 **沢田愛里**さん デュアスロン・トライアスロン選手 ……………… P141
全国大会に行けば父に会える

044 **八戸耀生**さん 気球で世界の空を飛ぶ写真家 ……………… P144
小さい時から空を飛びたかった

| 045 | 高田元気さん　体操教室としいたけの販売を手掛ける | P147 |

本当は体育教員になりたかった

| 046 | 遠藤香織さん　ママで医者で研究員 | P150 |

ロールモデルを探し原付で日本一周

フクツの人々❸　妄想大爆発で見切り発車　……………………… P153

3章 つながりたかったワタシ

| 047 | 大宮和幸さん　銭湯を地域交流の場に。豊平区・美園湯3代目オーナー | P156 |

手作りで地域の「場」作り

| 048 | 木村昭市さん　お食事処「膳楽」店主 | P159 |

ゲン担ぎのカツ丼は勝利の合言葉

| 049 | 澤井玄さん　主夫兼考古学者 | P162 |

PTA活動で未知の価値観に出合う

| 050 | 橋本信夫さん　札幌彫刻美術館友の会会長 | P165 |

彫刻の戸籍づくりで札幌の魅力高めたい

| 051 | 後藤一機さん　「一世一代時代組」リーダー | P168 |

本気のゴミ拾いで夢を広げる

| 052 | 深津修一さん　株式会社プリズム代表取締役会長 | P171 |

わくわくドキドキしていたい

| 053 | 山田いずみさん　女子スキージャンプの世界を切り開く | P174 |

10年前、女子選手は私一人でした

| 054 | 渡辺哲朗さん　ヘアドネーションに取り組む美容室オーナー | P177 |

「しばったまま切って」とオーダーされた

| 055 | 山本亜紀子さん　主婦目線で商品開発をアドバイス。エルアイズ代表取締役 | P180 |

こうすればもっと売れるのに

| 056 | 阿部晋也さん　丸吉日新堂印刷代表取締役社長 | P183 |

エコ名刺で世界と社員の幸せつなぐ

| 057 | ディリップ・シュナールさん　TEDxSapporo設立者・アドバイザー | P186 |

地域の明日を変えるイベントに

| 058 | 中島聖子さん　子育てサークル「enjoy育児☆ニコニコ会」代表 | P189 |

プレーリーダーになって自分が遊びたい

もくじ

- 059 **横内龍三**さん 北洋銀行会長 …… P192
  約束は守らなくてはいけない

- 060 **福井俊**さん 学生サークル「札幌医ゼミに行く会"すずらん"」代表 …… P195
  患者の立場からの医療を目指す

- 061 **中川美智代**さん 乳がん患者会「ピンクダイヤ」代表 …… P198
  ただの「おしゃべり会」にしたくて

- 062 **志堅原郁子**さん DV防止教育に取り組む「NPOビーチハウス」ファシリテーター … P201
  早く大人になって世の中を変えたかった

- 063 **大瀧めぐみ**さん 一般社団法人めぐみの樹代表理事 …… P204
  就労支援という仕事

- 064 **髙倉嗣昌**さん 公益財団法人ふきのとう文庫代表理事 …… P207
  障害を持つ子との交流の場に

- 065 **吉岡宏高**さん NPO法人炭鉱の記憶推進事業団理事長 …… P210
  埋もれていたものをアートの力で

- 066 **畠中秀幸**さん 建築設計・音楽企画事務所「スタジオ・シンフォニカ」代表 … P213
  脳卒中が新しい人生を教えてくれた

- 067 **岡本卓也**さん 北海道ユースミーティング実行委員長 …… P216
  「子供の貧困」について知って欲しい

- 068 **NOBI**さん ライブハウスG-HIPオーナー …… P219
  好きだったらもう一度触ってみれば

- 069 **土畠智幸**さん 医療法人稲生会理事長・生涯医療クリニックさっぽろ院長 … P222
  医療も介護も福祉も教育も

- 070 **室城信之**さん 北海道警察本部長 …… P225
  たくさんの人と力を合わせる仕事

フクツの人々❹ カメラ1台、どこまでも …… P228

○本書はウエブサイト「札幌人図鑑」に2012年5月1日から2015年3月27日までに掲載されたインタビュー動画を再編集したものです。
○掲載した情報、肩書きなどは原則として取材当時のものです。

1章 知らなかったワタシ

- 001 小谷晴子さん（NPO法人札幌アシストセンターマザー理事長）
- 002 早川渉さん（映画監督）
- 003 嵯峨治彦さん（馬頭琴と喉歌奏者）
- 004 小島紳次郎さん（ウエス代表取締役社長）
- 005 猪熊梨恵さん（札幌オオドオリ大学学長）
- 006 南ゆきさん（「cafe自休自足」オーナー）
- 007 エリサさん（風船の魔法使い）
- 008 中野展裕さん（うどんコミュニケーター）
- 009 門田佳正さん（北海道シャンソン'エスポワール'会長）
- 010 石水創さん（石屋製菓代表取締役社長）
- 011 小砂憲一さん（アミノアップ化学代表取締役会長）
- 012 幡優子さん（株式会社テックサプライ代表取締）
- 013 よっちゃんさん（「うたごえ便よりみち」代表、アコーディオン弾き）
- 014 岩井尚人さん（一般社団法人プロジェクトデザインセンター専務理事）
- 015 後藤栄二郎さん（丸美珈琲代表取締役）
- 016 ラノベプロジェクト（リノベーションや家具作りに取り組む夫婦ユニット）
- 017 林里紅さん（犬ぞりレーサーから建設業へ）
- 018 しものまさひろさん（あへあほ体操考案者）
- 019 小林優子さん（札幌五輪のリュージュ選手「りんごちゃん」）
- 020 竹田雄基さん（リュージュコース作りの職人）
- 021 林文浩さん（瓦職人）

ジャーン！

うひゃ〜！

ほぉ〜

知らなかったワタシ

札幌人図鑑 File No.001

小谷晴子さん
NPO法人札幌アシストセンターマザー理事長

こんなに大変な事だったなんて

こたに・せいこ
1956年札幌市生まれ。2002年NPO法人札幌アシストセンターマザー設立、理事長に就任。障害当事者の目線で自立支援活動を行っている。

1階がデイサービススペース、2階と3階が高齢者や障害者も一人暮らしOKのアパート。ナースコールは24時間。制度を使ったサービスも受けられる。こんなアパート「マザー」を東区で2棟経営し、ご自身も電動車いすに乗り、呼吸器をつけて生活しています。

ご自身のお話から聞かせてください

▶私は生まれた時から体が弱く、学校に通ったことがありません。小学校から高校卒業の年齢まで、ずっと入院生活でした。でも本はたくさん読んだし、手芸など手先を動かすことは得意でしたね。

ずっと入院…おうちに帰りたかった?

たまに外泊はしていたんですよ。私は3人きょうだいの末っ子で、外泊するとみんな大事にチヤホヤしてくれました。でもその分、なんとなく家の中でお客さんみたいというか。

例えば母と姉が親子ゲンカをして、姉が母に向かってものすごい言葉を使ったりして、そういうのが逆にうらやましくて。私も親子ゲンカとかしてみたかったです(笑)。両親には心配ばかりかけたけど、母が亡くなって父が一人暮らしになった時、「マザー」に住んでもらって看取りもできたので、ちょっとは親孝行できたかなと思っています。

よかったですね。いいお話…

歩けなくなったのは14歳の時。完全に車いす生活になったのは17歳の時でした。主治医の先生から「今後、歩くことは考えるな」と言われて。でも「車いすだって生

きていける。車いすだからこそできることがあるかもしれない。自分次第だ」とも言ってくれました。

　12年ぶりに退院して自宅での生活を始めてみたものの、就職できるわけでもないし、好きな手芸でもできればと思っていたんです。すると、主治医の先生が新しい病院を開院したから見においでって。行ってみたら、リハビリ医として働いてみないかと誘ってくださり、就職できることになったんです。

> すごい！ どこの病院!? なんて先生？

　東区のクラーク病院。理事長で院長だった三宅 哲（あきら）先生です。私の仕事は、例えば脳卒中や交通事故などで半身まひになった人が、片手操作で日常生活を送るためのリハビリをする時に、手芸などを教えながら訓練することです。

　病気や事故で突然障害を持った人の落ち込み方は想像を絶します。手芸をしながらいろいろおしゃべりして気持ちに寄り添いますが、目の前の私が障害者であることに気付かない人がいるくらい。私は生まれつき障害者なので、中途障害の方の絶望感を完全には想像できないのかも。難しいですね。

> 大変じゃなかった？

▶ せっかく就職できたので、多少体調が悪くても頑張って出勤しました。私が弱くて休んでばかりだと、次の障害者が雇ってもらえなくなるんじゃないかと思って。ただ自宅が北広島だったので、通勤が大変でね。そこで病院の近くにアパートを借り、一人暮らしをしようと思ったんです。でも全然見つからなかった。

> 車いすだったから？

　そうですね。一人で管理できないんじゃないかとか、火事を出すんじゃないかとか。不動産屋さんを通じて大家さんの返事を聞くので、実際に会って話すことなく断られ続け、想像以上に難航しました。

　実際、一人暮らしをしている友達に聞いてみると、みんなものすごく苦労したようです。メディアで繰り返される「高

齢者も障害者も地域で暮らそう」という社会的流れと違うじゃないかと。障害者には、こういう別の障害もあるんだと知りました。

その後なんとかアパートを借りることができ、念願の一人暮らしをスタート。ところが実際やってみると大変なことが多いわけです。ちょっと床を拭くとか、シーツを変えるとか。呼吸器をつけている自分にとってはどれも大変な重労働です。買い物に行っても、トイレットペーパー1つ買ったらもう他のものは買えない。たくさんの不便を実感しました。同時に、そこだけちょっと助けがあれば大丈夫だということも分かりました。

それで今の形のアパート経営を。2棟ってすごいですね！

▶ おかげさまでマザーは今、ほぼ満室です。それだけ、高齢者や障害者が一人暮らしできるアパートが足りないということです。私は実際の体験を通して、頑張れば自立できるということや、その際に生じる不便さを知りました。だから「マザー」ができたんです。

夢は一人で願っていてもかなわない。ちゃんと口に出して、いろんな人に応援してもらったり助けてもらったりして、はじめてかなうものだと、若い人たちに伝えたい。私は今、せっかく障害者なのだから、それを生かしてできることを一生懸命やっていきたい。障害をプラスにする生き方をしていきたいです。絶対にできると思っています。

<2012年6月28日◎第59回>

念願の一人暮らしができたから、必要なサービスが分かり、新しい形のアパートが誕生した。そしてその一人暮らしは念願の就職ができたからこそ実現した。そう考えるともっと多様な「働き方」が必要なのだと分かります。誰もが社会の一員となれるよう、得意なことを持ち寄って。

札幌人図鑑 File No.002 早川渉さん 映画監督

もしあの映画を 観ていなかったら

北海道ゆかりのスタッフ、ほぼ全編札幌ロケによる映画「壁男」（堺雅人主演）を2007年に発表。名古屋出身ながら「自分のホームは札幌」と言う早川監督は、「いつも映画の影響を受けてきた」と人生を振り返ります。仕事場で話を聞きました。

はやかわ・わたる
1964年名古屋市生まれ。映画監督。「登別クマ牧場」「セイコーマート」などのCMも手がける。北海道を拠点に、映画作りの傍ら映像教育にも力を注いでいる。

▶ 僕が札幌で最初に観た映画は、フェリーニの「道」とアンジェイ・ワイダの「大理石の男」の2本立て。今はなき「シネマ23」という名画座でした。北大受験のため前日に名古屋から来ていたのですが、たまたま見た情報誌でこれを見つけてしまい、これはもう観るしかない、と。

試験が済んでから観るのが普通でしょうが、映画を観ずに悶々とするより、観てスキッとした方がいいだろうと思って。実際、映画は最高に面白くて「観てよかった！」と思いましたね。お陰で完璧な「グッドコンディション」で試験に臨むことができ、無事合格しました。

実は名古屋からもう一人、北大を受験する友人と一緒だったんですが、彼を映画に誘ったら、さすがに試験の前日だから行かないと断られてしまって。結果、映画を観に行った僕の方が受かっちゃったというオチなんですが（笑）。

▶ （北大の）映画研究会に入ったのはその1年後。観ます・見せます・作りますの「3つの柱」を大切にする会

> けっこう受験あるあるかも笑

でした。「観る」は、映画の鑑賞会を開いて批評し合ったり会報を作ったり。「見せる」は、ありものの映画を借りてきて、ホールを借りて有料上映する。16ミリのフィルムを数万円で借りてきては500円のチケットを売り、自主上映していました。「作る」は自主制作。これは8ミリで。

　考えてみればスパルタなサークルでしたね。元々観るのが好きで、鑑賞サークルのつもりで門を叩いたのに、入ってみたら半ば強制的に映画を作らされて、何でこんなことするのかと思っていました。

> 忙しそう!

▶映画は5つ上の姉からの影響が大きいです。姉と一緒に観た映画で一番よく覚えているのは「虹をわたる風船」（1974年伊）。実はうちの両親は仲が悪く、当時いよいよ離婚という状況でした。一番上の兄は父の方に、姉は母について行くと言っていて、自分はどうするか決まっていなかった。お母さん子だったので、気持ちとしては母の方に行くイメージだったんですが、その映画を観た後に、どうやら僕は「お父さんの方に行く」と言ったらしい。

> ガラスのハートな年頃に…

　映画の内容は、飲んだくれのどうしようもない親父を持つすごく良い息子が難病にかかり、父親が気持ちを入れ替え、少年のために一生懸命やるが、結局少年は天国へ

行ってしまう…という話。映画の中の父親がすごくかわいそうだった。僕が小学校6年生の頃です。

> 多感な時期です

その頃は、父親との関係も特に良くなく、母親と比べて圧倒的に煙たい存在だった。でもそうやって子供から嫌われているお父さんは「それはそれでかわいそうだな」という見方を、子供心に少し理解したのかも。もし入試前にあの映画を観ていなかったら…そしてお母さんについて行ってたら…それから北大の映画研究会に入っていなければ、自分はどうなっていたんだろう……。

そんなことを考えると、やっぱり節目節目で映画の影響を受けてきたんだなぁと思います。

<2012年7月22日◎第83回>

「壁男」の前に、処女長編映画「7/25【nana-ni-go】」がカンヌ国際映画祭国際批評家週間に正式出品されました。男女が織りなす不思議なストーリーは心情が丁寧に描かれ、子供の頃から映画で感性を磨いてきた早川さんらしい作品でした。

札幌人図鑑 File No.003

嵯峨治彦さん 馬頭琴と喉歌奏者

原体験は大滝詠一だった

さが・はるひこ
1971年青森県生まれ。モンゴル伝統曲からポップス、クラシック、邦楽、舞踏とのコラボレーションまで幅広く演奏活動を行う。

民族音楽の枠を超え、芝居やダンスなどさまざまなアートシーンで活躍する馬頭琴奏者。2つの音を同時に奏でる喉歌は、ユーミンのアルバムに参加するほどの腕前。今でもメジャーとは言いがたいこの楽器。教えてくれる教室もなく独学といいますが、出合いは何だったのでしょう。

▶ ちょっと上の姉から、大滝詠一さんの「ロング・バケイション」のカセットテープをもらったんですよ。それを聴いて「なんてきれいな音楽だろう」と感動して。とてもカラフルで映像的だった。それから大滝さんの周辺の音楽をいろいろ聴き始めたんです。山下達郎さんとか細野晴臣さんとか…「はっぴいえんど」の頃から。で、ある時、細野さんつながりで、ある女の子に完全にハートを鷲づかみにされてしまった。それが戸川純ちゃんです。

> 玉姫様だ! あの頃流行りましたね!

「蛹化(むし)の女」という曲があって、パッヘルベルの「カノン」にちょっと暗い歌詞をつけて歌ってるんです。僕はそれを、部屋の電気を消してヘッドホンで聴いてるような子供だった。彼女の音楽は変なリズムとか不協和音とか、そういう曲がたくさんあって、なんというかエグいところにどんどん引っ張られて行く感じがしましたね。

▶ まぁそういう下地があって、北大生になるわけです。そこでまたもや友人にカセットテープを渡されました。

> またカセット! 笑

その人はフォークダンスのサークルに入っていたんです

が、結構真面目に取り組んでいて。特に東欧のいろんな民謡を持ってきては現地の踊りを真剣にやっていました。それで、ブルガリアの踊りに取り組んでいるときに、いわゆる「ブルガリアンボイス」ですね。女性コーラスのカセットを貸してくれたんです。それはもう僕にとって衝撃的でした。

> 聴いたことないなぁ

ある種、アバンギャルドな音楽として聴いていた不協和音や変拍子を、トラッドとしてやっている人が世界にはいるということを知った。それからはいろんな国の民族音楽を聴き漁るようになり、喉歌が入ったCDを入手したんです。

初めて聴いた時は、からだ中の毛が総毛立ちましたね。こういう音は一体どうやって出すんだろう、と。すると、たまたま一緒にいた友達がCDの音を真似して「うぅ!?」とか唸ってたんですが、すぐにその友達の声の中に、2つ目の笛みたいな音が聴こえてきて。それで「これはできるのかも」と思ってやってみたら、2つ目の音が割とすぐに出たんです。で、「これは面白いぞ」と。CDにあったようなメロディーを出せるよう練習を始めました。

> やってみるところがすごい！笑

その後、馬頭琴も始めたのですが、喉歌も馬頭琴も、どこかで習おうと思って習えるものではないので、民族音楽全集のビデオを見たり、たまに来日するモンゴルの民族音楽の楽団を見に行ったり、馬頭琴のコンサートがあれば「ちょっと教えてください」と楽屋に押しかける、そんなスタートでした。

> 教室があるわけじゃないですもんね

▶そんな僕にも、モンゴルにネルグイさんという師匠ができました。ひと言で言うと「馬頭琴の近代化に、うまい具合に乗り損ねてくださった方」なんです（笑）。モンゴル研究者の西村幹也さんから「ゴビ砂漠ですごい演奏を撮ったから見てよ」とビデオを渡されて。見てみたら本当にす

ごかった。今まで自分が見ていた演奏とは全く違っていたんです。

「これはぜひ会いに行こう」ということで会いに行ったのが2001年。それまでの間、ビデオを擦り切れるぐらい見て、師匠の演奏を真面目に譜面に起こしたりもしてね。指使いも独特だったので、それも全部真似して。会いに行った最初の晩に流れで宴会になったので、弾いてみせたんですね。「さあ、ここは！」と張り切って。「おいら完コピしてきました！」みたいな。

この日のために頑張りました！

そしたらメチャメチャ喜んでくださって。なんというかクラシックの影響下で近代化した都市部の「馬頭琴業界」では、自由奔放で昔ながらの彼の奏法がちょっと下に見られることもあるそうで。だから外国人の僕がそういう演奏に取り組んでいるというのがうれしかったんだと思うんです。「こういう演奏スタイルをちゃんと引き継いでいきなさい」という言葉を掛けていただきました。それは、僕にとってもすごくうれしい経験でしたね。

そういえば、その後モンゴルのレストランで、ウエイトレスの女の子が大滝作品を口ずさんでいてビックリ！ 聞けば「幸せな結末」が主題歌のドラマがモンゴルで放送され、その子はそのドラマで日本語を覚えたらしい。もうね、「こうつながったかー！」って一人で大興奮でしたよ（笑）。

＜2012年9月19日◎第142回＞

スポーツ、読書、ファッションなど、年上のきょうだいの影響って大きいですね。そして最も影響を受けるのは、やはり音楽なのかもしれません。喉歌は、できる人は初めてでもなんとなくできちゃうらしい。そしてできるとハマる！「喉歌ってなぁに？」という人はすぐに検索してみよう。

札幌人図鑑 File No.004 小島紳次郎さん　ウエス代表取締役社長

若者を集めるには音楽だった

　国内最大級の野外音楽イベント「ライジング・サン・ロックフェスティバル」（RSR）は、全国からファンが詰めかける札幌の夏の風物詩です。6万人という動員数もさることながら、ミュージシャンとの膨大なネットワークもすごいウエス（WESS）の小島社長の登場です。

こじま・しんじろう
1950年江別市生まれ。国際音楽イベント「MIX 2000」やライブハウス「PENNY LANE 24」「KRAPS HALL」、自主レーベル「WESS RECORDS」などの運営を行う。

▶ 高校を卒業して札幌のデザイン専門学校へ進みました。ファッションでもなんでも人と違うものが好きで、周りもそんな感じの人が多かったから、いま何が流行っているとかを察知するのは早かったと思います。そんな中、ひょんなことから寺山修司の演劇実験室「天井桟敷」を手伝うことになりました。僕が20歳の頃です。

いつもオシャレですね！
お洋服も好き?

　この出会いは大きかったですね。ちょうど『書を捨てよ、町へ出よう』を読んで、その通りだと思っていた。ミュージカルも芝居もよく知らないけど、音楽は伝説のカルメン・マキだったり、ポスターは及川正通や横尾忠則が作ったりしていて魅力的。

天井桟敷を!?

おおーー!

　そんなメンバーと寺山さんとでいろんな話をする中で、普通の芝居小屋じゃないヘンなところでやろう…そうだ、ふだん若者があまり出入りしないパークホテルがいいということになりまして。自分の中の既成概念を壊すのが面白かったですね。ないものは自分たちで作る、探す、頭下げてタダで借りる、が身についちゃった（笑）。結局、1

日に 2 公演やりました。

▶「ウッドストック」という映画が 1971 年に日本で公開された時、音楽で 40 万人集まるのを見て感動しちゃって。携帯も SNS もない 40 年前に、口コミだけでウエストコーストからイーストコーストまで伝わっていくすごさ。そこには世界中の音楽があって、観客が絞りの T シャツを着ていてカッコよかった。それでチラシをお袋に見せて、絞り染めのやり方を教えてもらって手作り。

出来上がった T シャツを着て専門学校に行ったら、友達が「これいいね、どこで売ってるの?」って言うんで、それじゃあ教えてやるからみんなで作ろうぜって盛り上がり、みんなで着ていたんです。するとブティックのおじさん*から「これ、売らない?」と持ちかけられて。毎週 100 枚くらい作っても間に合わないくらい売れました。

映画に影響され、「これは新しい! かっこいい! 欲しいけどないから作っちゃえ! 評判いいから売っちゃえ!」みたいなね。いま振り返っても、マーケティングはちゃんとしてたよね。狙いが当たって、裏で「ウッフッフ〜」なんて笑ってる時が好きです。

そのうち「札幌で何か若者を集めたいなら紳次郎に任せろ」みたいになってきました。21 歳くらいの頃です。当時、人集めは展示ではなく音楽でした。引き受ける仕事もだんだん音楽に特化して、僕の大好きなロックミュージックに。イベントや公開録音を多くやっていたのですが、その問い合わせ先は南 3 条にあったロック喫茶「ドッコ」だったんですよ。

当時、電話を引くのは高くてね。マスターのご好意で、イベントの問い合わせ番号も名刺の電話番号も「ドッコ」にしてたんです。電話がきたら答えなくちゃいけないから、必ず朝から晩まで店に人をつけて。一日中「ドッコ」のス

若いって
素晴らしい笑

お袋、すごい!

*第 714 回出演の
切明正勝さん

そんなに
若い頃から…

わぁ! 懐かしい!

パゲティーとコーヒーでつないでね。するとそこが情報発信のスポットになりました。

よく「どッコ」でライブもやりましたね。お店が終わってから機材を入れて夜中に。当時はまだ札幌で機材を持っている業者は少なかったんですが、東京からバンドを呼ぶとき、機材も東京から借りるとすごく高くついちゃう。それなら自分たちで用意しようぜってことで、友達と2人で会社を起こしました。24歳の頃です。親に保証人になってもらい家も担保に入れて、1000万円のローンを組んで機材を買ったんです。

社名は「ウイークエンド」。「人が楽しんでいる週末にだけ働いて、平日は遊ぼうぜ！」というのが一番の目的。なのに気づけば本業になり、「エブリデイ」になっちゃったって感じかな（笑）。

▶その後、音楽イベントのほかに、毎週のようにキー局の番組の公開録音もやりました。競合はなかったので、僕らがいないとできないような感じでしたね。音楽というキーワードを上手に使って、そこから発生するビジネスは何でもやって、今日に至っています。

何か面白いことを見つけたら、流行を追いかけるのではなく、なぜそうなったのかを分析して札幌流のオリジナルブランドにする。時間はかかるけど、面白いと思うよ。

<2012年10月25日◎第178回>

> 炒り卵とそぼろの「ドッコ弁当」も大好きでした！

> 度胸が違う！

> 気持ち、分かります

収録を終え、「私の青春は、ぜんぶこの人が仕掛けたものだった」ということが分かって脱力……。本当はRSRの立ち上げ苦労話を聞こうと思ったのに、青春時代の話が面白すぎた！　寺山修司さんとの出会いのきっかけも聞きそびれてしまった！　小島さん、もう一度出てくださぁーい！

札幌人図鑑 File No.005 | 猪熊梨恵さん 札幌オオドオリ大学学長

知らなかったワタシ

外に出ていけばいいんだ！

いのくま・りえ
1985年札幌市生まれ。NPO法人札幌オオドオリ大学代表理事、学長。札幌およびその周辺都市・地域を舞台にした生涯学習の企画・運営を行う。

　札幌の「街」のいいところと「大学」のいいところを掛け合わせた大学、それが「札幌オオドオリ大学」（ドリ大）です。校舎を持たないこの大学は、街がまるごとキャンパス。下は4歳から上は84歳まで、生徒は2千人を超えます。27歳の若き学長は元気いっぱい、街の人気者です。

どんな授業を？

▶ 例えばJRタワーの38階の展望室で、札幌の夜景を星空に見立てて宇宙の授業をやりました。サッカー好きの女の子の提案で、「食わず嫌いのコンサドーレ講座」を開いたこともあります。

　授業は毎月3〜4つ開講します。組み立てにあたっては、15人の授業コーディネーターが、受講した人の日常にどんな変化を及ぼすかを想像しながら作っています。カルチャースクールのように先生が一方的に教え学生が聞くという講義スタイルだけでなく、先生も生徒も学び合い教え合う、ディスカッションしていく授業が多いです。

生徒が先生になったりして！

　私は市立高専の10期生です。学校では建築を学びましたが、興味を持ったのは現代美術。ギャラリーを運営するギャラリストという仕事があることを知り、憧れて東京のギャラリーを見て回ったりして。自分が作れない「いいな」と思う作品をどうやって人に伝えるか、見てもらえるかを仕事にしたかったけど、札幌では難しい。

　そうやって進路に悩んでいた頃に出会ったのが、西村

佳哲さんの『自分の仕事をつくる』(ちくま文庫)でした。「自分のしたい仕事がなければ作ればいいんだ」という言葉がとても心に沁みたんです。

当時、学校の友達と校内で展示をしたり、校外のギャラリーを借りて展示したりしたんですが「あれ？　校外でやっても、お客さんはいつもと同じ友達ばかりじゃないか」と気づいて、「そうだ！　もっと街の中に持ち出せばいいんだ！」と思い立ちました。

まずは後輩たちを50人くらい集めて、10円とか100円とかの手頃な値段の作品を作って、それを自転車に積んで狸小路で売り歩いたんです。コスチュームはTシャツ、短パン、麦わら帽子…裸の大将みたいなイメージでそろえて。「あいつらなんだ!?」と目立つように。

やってみると、馬券場のおじさんが「何やってんの？」と声を掛けてくれたり、美容室のお兄さんが買ってくれたり。一番大きかったのは、狸小路の商店街の方が「なんか分かんないけど面白そうだからやってみろよ」と言って、場所を貸してくれたことです。

自分たちでアクションを起こすって大変だけど、純粋に楽しかったし、「人の気持ちを動かすことができるんだ！」と感じられる面白い体験でした。外に出る楽しさを知ってしまい、その後テレビ塔の2階の腹巻きスペースで、他の大学の人たち100人と「学生ステップ」という作品展をしました。そこでの出会いは大きかったですね。

▶そんな中で就職を考えた時、仲間の一人が「卒業したら起業しようと思う！」と言い出して。すごいなーと思って、「じゃあ私はそのサポートをする！」ってなったんです。なんとなくそのメンバーといるとワクワクするし、きっと面白いことがこの街でできるんじゃないかと思ったので。それで1年間、母がやっていたグループホームでヘルパーをしな

> この本、私もバイブルです！

> それは目立つわー

> 商店街の方は、元気のいい若い人が大好きなのよ〜

> 味をしめた。いい意味でね

知らなかったワタシ

がら、空いた時間は起業の手伝いをしていました。

　ウェブを作る会社でした。私は「美術」と「人に会うこと」が好きだったので、企業とクリエーターをつなげるサイトを作りました。作品を載せたり、インタビューをしたり、セミナーを開いたり。

　ウェブをやると、ユーザーの顔が見えてきます。デザインを最終的に手に取るのは私たち生活者。そういう人たちともっと会話がしてみたい。そんな風に思っていた頃、「シブヤ大学の札幌版をつくるらしいんだけど、一緒にやらない?」と声を掛けられ、企画メンバーに加えていただいたんです。「札幌でもやりたいね」「学長は誰がやる?」となった時、「あれ？　私やりたいな」と思って手を挙げた…すごくはしょりましたけど、そんな感じ（笑）。周りは家族みたいに支えてくれて、今に至っています。

▶仲良しの友人は東京で就職して、札幌にほとんどいなくなっちゃったのが寂しいし悔しい。でも札幌にいるからには、みんなが帰ってきた時にすぐに行動できるよう、自分も成長していきたいと思っています。

　札幌は面白い、北海道も面白い。それを体感できる場が「ドリ大」です。授業を体験した皆さんが、家庭や職場に「イキイキ」を持ち帰って、いろんな場所に伝染してくれるといいな。

<2012年10月30日◎第183回>

> ステキなメンバー。ラッキーだったね

> すでに片鱗が…

> いや〜
> はまり役だわぁ〜

> みんないつか戻ってきてほしいね。
> 鮭みたいに…

知らなかったワタシ

女子大生みたいなビジュアルなのに、妙にしっかりした子という印象だった猪熊学長。その後、アーティストと結婚してお母さんになりました。深みが増した生活者目線で、ますます充実した授業を提案していってほしいです。赤ちゃんとアート、なんちゃって♡

札幌人図鑑 File No.006 南ゆきさん 「cafe 自休自足」オーナー

どうやればできるかを考えた

誰でも気軽に入れるカフェが、地域の人のつながりを生んだり出会いを楽しめたり、コミュニティーの拠点になれると楽しい。札幌人図鑑では「Hokkaido コミュニティ Cafe クミアイ」に加入しているカフェをシリーズで紹介してきました。中心で活躍中の南さんに聞きます。

みなみ・ゆき
1971年札幌市生まれ。2007年北区新琴似に「cafe 自休自足」をオープン。「現場で学ぶ 実践・カフェ開業塾」やメールマガジン配信も行う。

▶「自給自足」ではなく「自休自足」。愛読している雑誌と同じ名前にしました。農家の横にカフェがあるようなスローな雰囲気が大好きだったんです。

「休」の字が入るんですね

自分で休んで自分で歩く。私はがんばりすぎちゃうところがあるので、ちゃんと休むときは休んで、また一歩を踏み出す。そんな働き方ができたらいいなと。お客様もそうだったらいいなと思っています。

カフェ経営って憧れます

「カフェをやるのが夢だったの?」ってよく聞かれるんですが、全然そうではなかったです。実家はすし屋で両親は朝から晩まで働いていたので、むしろ商売なんて絶対しないぞと思っていたぐらい。でも一方で、いつもお客さんに囲まれて仕事をしている父や母は楽しそうだったなあという記憶もある。結局、私も「人」が好きなんでしょうね。

お母さんになってからお店を始めたと伺いました

▶結婚して普通に主婦をしていました。嫁いだ家もたまたますし屋だったんですが、義父が亡くなりお店を閉め、他の人に貸していたんです。ところがその人が急にいなくなってしまった。義母はここに何か入れないと、と困っていま

した。そんな義母を見て、つい「私がやる」と言ってしまった。

　小さな子供もいるし、お金もない、経験もない。さぁどうしよう、と思ったけれど、やると言ったからにはやるしかない。でも、母親としての生活を大きく変えたくはない。目先の利益も大事だけれど、そこは譲れない。では自分のできる範囲の中でどこまでできるかと考えました。

> それまでの生活を大きく変えずに？そんなことできる？

　子供がいるからできないとか、お金がないからできないとかではなくて、じゃあどうやればできるかを考えたんです。営業時間は11時から夕方5時までにしました。経営者の目線だと「そんな短い営業時間で大丈夫？」となります。でも、その短い時間の中でどうやっていくかということをずっと考えてきたんです。

> おおーー！　斬新！

　いろいろな工夫が必要でした。でもそれがすごく勉強になった。今ではそんな制約があったからこそ良かったんだって思っています。

> 石鍋がたくさん飾ってありますね！

　うちのメニューはほとんどが石鍋を使ってお出しします。カフェでビビンバ出すのかって言われたこともありましたが、みんなが好きなカレーやパスタ、デザートまで、家では食べられない石焼でジュージューと、最後のひと口まで熱々で召し上がっていただけます。

　料理って温度が大事だと思うんです。この場所までわざわざ来てもらえるように、ここでしか食べられないものを、と考えました。ココロとカラダがあたたまるカフェごはん。お店をオープンして5年になりますが、5時までという営業時間も地域ではすっかり定着しているんですよ。

> コミュカフェって何でしょうか？

　最近、コミュニティーカフェとして注目される機会が増えました。飲食店が地域のために何かをするとか、コミュニティーの場所になるっていうのは当たり前のこと。そこにプラスしてセミナーやライブを開催し、人との出会いやつな

がりをつくるということかな。2011年に設立したHokkaidoコミュニティCafeクミアイに加入してもらい、情報交換や合同イベントを行うなど交流の輪を広げています。私からお声掛けし、いま29店舗が参加しています。

▶ スタッフには恵まれていますね。将来は自分でカフェをやりたいという方ばかりなので、真剣さが違います。早い遅いがあっても、仕事はみんなできるようになる。大切なのは気持ちです。接客業ですから。やる気とか、人を思いやる気持ちが大切。

うちで修業して独り立ちしたお店はもう4店舗あります。一生懸命育てたのにライバルになっちゃうよ、って言われることもあるんですが、それくらい情熱を持って働くスタッフがいるお店の方がお客さんもうれしいと思うし、私自身も刺激になります。開業を目指す人の勉強の場として役に立てるとしたら、「なんか、みんなが幸せじゃん！」って思うんです。

市内の人気カフェオーナーを講師に迎え、月に1度開催している「カフェ開業塾」も好評です。私の夢は、卒業生のカフェオーナーが「自休自足出身なら心配ないね」と言ってもらえることかな。魅力的なカフェが増えれば、札幌はもっとステキな街になると思うんです。

＜2012年11月19日◎第203回＞

> オシャレで感じのいいスタッフさんばかりですね〜！

知らなかったワタシ

結婚前はアパレル関係にお勤めだったという南さん。ユニフォームの着こなしもファッショナブルで、これからカフェオーナーを目指す女性たちのカリスマです。現在は札幌大学の元学生寮をリノベーションした複合施設内で、無農薬農家とコラボした新店のオープン準備中。南さんの作るコミュニティーカフェは、どんどん進化していきます。

札幌人図鑑 File No.007 エリサさん 風船の魔法使い

きっかけは自分でしかつくれない

1978年札幌市生まれ。「風船の魔法で世界中を笑顔に」を合言葉に、2007年からバルーンアートを使ったステージショー、装飾、出張教室などの活動を行う。

イベントやステージショーなどでおなじみのバルーンアート。目の前で作ると、子供たちの顔は驚きから喜びに変わる。自らを大道芸人ではなく「風船の魔法使い」と名乗り、これまでにないドラマチックなショーを展開しているエリサさんに聞きました。

子供の頃からクラスの人気者だった?

▷ 実は小学校1年生の時から筋金入りの不登校児でした。なぜそうなったのか、はっきりした原因は覚えていないんですが、不登校は中学までほぼ9年間続きました。中3の2学期まで、年間登校日数が1桁の状態。それでも高校に入りたくて、中学3年生の3学期だけは必死で学校に行きました。緊張して給食も食べられないくらいでしたが、なんとか進学。地元から少し離れた高校でした。

これまでの自分から離れた環境を選択できたんですね

それがすごくいい転機になり、小中学校でずっと頭の中に思い描いていた「明るくて、友達に何でも言えて、クラスで元気に発言できる」…そんな理想の自分を表現できるようになったんです。最初は演じている部分もあったのですが、気づいたらそれが本当の自分だと思えるようにまでなりました。

精神統一にも興味があり、袴姿がカッコいいと思って剣道部へ。剣道部ではキャプテンになり、生徒会に入れば生徒会長に。それまでの人生とはすごいギャップでしたが、われながらよくやったなと思います。自分自身がそういう経

験をしているからこそ「人は変われる」「可能性は無限大」という思いが強いのだと思います。

　友人に中学まで不登校だったことを告げると「信じられない」と言われます。いま振り返れば、同級生も先生も両親も、周りの人たちはみんな私が学校に行けるよう一生懸命に考えてくれていました。でも周りがいくらサポートしても、結局は自分が変わらなきゃいけない。自分が変わるきっかけは自分でしかつくれないんです。そういう過去があったから、今の私があると思っています。

▶高校ですっかり社交的になり自信を取り戻した私は、卒業後いろんな仕事をしました。インターネットのHPでクーポンを発行するサイトを立ち上げたり、防火管理者資格を取ってビル管理をしたり。やったこともないのに居酒屋のようなフードバーを開いたことも。

　でも、商売には良い時も悪い時もあるわけで。真冬に灯油も買えないような悲惨な時もありました。寒さに凍えながら朝昼晩と働いて体を壊し、人間関係もギクシャクして……。「負のスパイラル」というか、何もかもダメになってしまった。心が折れ、うつ状態。

　それでも働かなくちゃ生きていけないので、薬を飲みながら働き続けました。26、27歳のその頃が、私の人生の「どん底期」でしたね。そんな時、あるパフォーマーが配っているバルーンアートの花に出合いました。受け取った途端、それまでモノクロに見えていた世界が一気に色を取り戻したことを、今でもはっきり覚えています。

　ピンク色のかわいいお花。大切に持ち帰って部屋に飾りました。でも、バルーンアートは生ものと同じで、どんどん小さくシワシワになってしまった。しぼんだ風船を見て「また欲しいな」「また飾りたいな」と思い、自分で作れたらずっと飾れるのにと考えました。そこでパフォーマーさんの教室

> 高校の友達にそれまでのことを話したことはある?

> 結局、自分次第か…

> 極端だなぁ〜笑

> ジェットコースター並みですね…

> おぉー!

知らなかったワタシ

で教えてもらい、だんだん自分でも作れるようになったんです。

●風船との出合いは私の人生を変えました。風船で部屋がいっぱいになると、縮んでしまうのがもったいなくて、行く先々で出会う人たちにプレゼント。渡すとみんなから「わぁ、かわいい！」「ありがとう」と温かい言葉をもらえた。それがうれしくて配り歩くうちに、のんでいた薬がなくても元気に過ごせるようになっていました。

> 「ありがとう」や笑顔が力をくれたんですね

人が喜ぶ姿を見て自分が元気になった。私が本当に求めているのは人が喜ぶこと。私はこれに出合うために生まれてきたんだと感じたんです！　風船を渡すと「魔法みたい」と言っていただくことが増え、「風船の魔法使いエリサ」を名乗るようになりました。

> それを会社にしたというのは、業界では珍しいそうですね?

今、プロ10人でやっています。私が誰かを喜ばせるだけではなく、私がいなくなった後もずっと人を喜ばせられる仕組みとして「風船の魔法」を残したい。この仕組みが10年、20年じゃなく、100年、200年続いていくような活動にしていきたいんです。ビジュアル的にはフワフワですけど、わたし、本気ですよ！（笑）

<2013年1月19日◎第264回>

いじめにあったり不登校になった子の親御さんには、「とにかく環境を変えてあげて」と伝えたい。原因がどんなに些細に見えても、苦しいなら環境を変えて、いくらでも再チャレンジが可能なことを教えてあげたいと感じました。人間の可能性は無限大だと強く実感できるインタビューでした。

札幌人図鑑 File No.008 中野展裕さん　うどんコミュニケーター

みんなでやれば こんなにおいしい！

なかの・のぶひろ
1988年生まれ。北大大学院農学院卒業。つながる八百屋プロジェクトなど、生産と消費の現場をつなげる仕組みづくりを模索した。現在は香川県在住。

食を中心にしたまちづくりって、誰もが楽しみやすく参加しやすいところが魅力的。思えば出身地によってソウルフードは違うので、大学祭は最高のステージかもしれない。今日のゲストは香川県出身の若者です。

▶ 香川出身なので、うどんは大好き。お昼にうどん、部活が終わればうどん。安くてうまくてお腹がいっぱいになるので、とにかく毎日のように食べていました。

> どんだけうどんやねん

大学進学を機に北海道に来たんですが、香川県出身と聞くと、みんなすぐに「うどん打てる？」となるわけです。「香川県の人はみんな打てるわけじゃないですからー」と否定しつつ、考えてみたら、公務員だった父は打てることを思い出しまして。

> え。打てなかったんだ…

それで、北海道の人にもおいしいうどんを食べてもらいたくて、帰省の度に父に教わったり、僕が地元で一番好きなうどん屋で修業（バイト）したりして、だんだん上手になりました。

▶ ある時、仲間を呼んで、うちでうどんパーティーをしたら、これが大好評。おいしいと言ってもらうとうれしくて、何度もやるようになりました。そこで今度は大学祭で「うどん屋」を出そうと提案し、これが結構成功したんです。みんなから募った1口4千円の出資金を倍にして返すことができたほど。

> すごいすごい！

— 知らなかったワタシ —

札幌でも関西出汁のつゆはウケがいいと分かってうれしかったですね。

地域の飲食店を3日間だけ借りて「学生レストラン」もやりました。僕は手打ちうどん、他の子はカレーやカフェ、という感じで。

> やりたいと思えばまずやってみる。学生っていいな。

そこで手打ちうどんを北海道では破格の250円という安さで出したら大好評。食べに来たNPO法人の方が「区役所で料理教室をやってみないか」と声をかけてくれて。教えるとなるとハードルは高いけれど、せっかくの機会なのでやってみました。

> 評判が評判を呼ぶんですね

「男の料理教室」ということで、60歳前後のおじいちゃんたちが十何人。僕は道具を持って行って「若輩ながら教えさせていただきます」という感じでスタート。うどん打ちは、麺を踏んだり麺棒でのばしたりと体力も必要で、みんな汗だくになってヒーヒーいいながら苦労して作りました。

でも出来上がったうどんはすごくおいしかった。「初めてなのに、こんなにコシがあってうまいのができるんだ!」と喜んでもらって、うれしくなりました。

> どんどん広がるうどんの輪!!

そうか、自分で打つだけじゃなくて、みんなでやると会話や交流が生まれ、新しいつながりができる。「これはう

どんコミュニケーションだ、僕はうどんコミュニケーターだ!」と思って（笑）。

▶ いまはよく、出前授業をしています。いつか世界中の人と一緒にうどんが打てたらいいな。うどんで世界がつながったら、わくわくするでしょ?

<2013年3月17日◎第321回>

知らなかったワタシ

　自分の「得意」を持ち寄って、足りないところを補い合いながら、近くの人とワイワイつながる感じはまちづくりの理想ですね。その後、彼は企業を巻き込んで学生マルシェに奮闘します。

札幌人図鑑 File No.009

門田佳正さん　北海道シャンソン'エスポワール'会長

たった1曲の持ち歌から始まった

かどた・よしまさ
1946年大阪府出身。明治学院大学フランス文学科卒。朝日カルチャーセンターやNHK文化センターで「フランス語で歌うシャンソン講座」の講師を務める。

「フランス語で歌うシャンソンコンクール」に出場して歌った1曲でグランプリに輝き、パリの往復航空券を手にしました。男性がフランス語でシャンソンを歌うというだけでも珍しいのに、全国大会で優勝となれば珍しいことづくしで、新聞にも大きく取り上げられました。

歌はもともと好きでしたか？カラオケとか…

▶26歳で北海道に来た時は、カラオケがブームになりかけた頃ですが、仲間と行っても自分の歌える曲がどこにもなかった。僕はリズム感がなく、イントロのどこから入ればいいのか分からずに戸惑ったり。周りがみんな上手なので自分はカラオケには向かないと思い、そのうちピタッと歌わなくなった。

でもね、カラオケに合わせるのではなく、自分で歌いたいように歌ってピアニストについてきてもらう、そういう歌い方がシャンソンではできるんです。自分の呼吸で伸ばしたいところを伸ばしたら、ピアニストがポロポロポロ〜ンと合わせてくれる。そこに魅力を感じました。シャンソンを始めたのは40歳の時です。

コンテストにはどんな曲で？

▶最初はたった1曲「ばら色の人生」という曲しか歌えなかったんですが、北海道大会に出たら、なんと代表に選ばれた。全国大会に行こうと思ったけれど、学校の教員をしていて、受け持ちの生徒がちょっとヤンチャをしまして。謹慎中に担任が神戸の大会に行くのはどうかと思

い、泣く泣く辞退。でもその生徒たちのおかげで、翌年「よし！　もう1回チャレンジしよう！」と自分の歌いたい曲を一生懸命探しました。そして出合ったのが「懐かしき恋人の歌」。

> どんな歌ですか？

最初は語りで始まるんですよ。（一節歌う♪）…よくピアノなしで歌わせますね（笑）。その時に初めて全国大会へ。その時はフランス語をほめられて「語学賞」をいただきました。2年後には「シャンソンムード賞」。どうも僕は、歌が上手いからというより、ただ立っているだけで雰囲気がいいからとか、せっかく北海道から来たんだしとか、そういう感じで賞をいただいたんじゃないかと思うんです。

> いい男だから！

いやいや、そうじゃなくて（笑）。グランプリをいただいたコンクールの時は、イタリア語で「お母さん」を意味する「ラ・マンマ」という曲を歌いました。舞台はイタリアですが、歌ったのはフランスのシャンソン歌手シャルル・アズナブールです。この曲を選んだのは、98歳の母に聴きに来てもらえたらうれしいな、と。「ラ・マンマ」は母親の臨終の歌。本当に亡くなってしまってからでは悲しすぎて歌えないから、母が元気なうちに歌いたいと思い挑戦し、賞をいただいたんです。

> ステキ…。
> お母様は喜んでくれましたか？

会場に来てくれると思っていたので、よく見えなかった

けど似た感じの人を見つけ「あれが母かな」と思って、母親に聴かせるつもりでリラックスして歌いました。終わってから兄に聞いたら、体調が悪くて来られなかったんですが、実家に帰って報告したらとても喜んでくれて。元気なうちにいい報告ができてよかったです。

▶ 母は100歳を前に天寿を全うし、眠るように亡くなりました。兄に「おやすみ」と言ってそのまま起きてこなかった。この時の賞品がパリの往復航空券。妻と初めてパリを旅行しました。ずっと行きたかった憧れのパリ旅行を、母からプレゼントされたと思っています。

<2013年10月5日◎第492回>

実は門田さんは息子の恩師。札幌光星高校の英語の先生でした。「英語の先生なのに、なぜあんなに流暢（ちょう）なフランス語を!?」と保護者の間でも話題に。シャンソンのコンサートにはみんなで駆けつけるほど、退職された後も人気の先生です。人生を豊かに楽しむ恩師と出会った生徒たちも幸せものです。

札幌人図鑑 File No.010 石水創さん 石屋製菓代表取締役社長

4代目社長はお菓子も創る

知らなかったワタシ

北海道が誇る銘菓「白い恋人」。だからこそ、2007年の賞味期限改ざんのニュースは世間を騒がせました。しかしその後、経営陣に新しい顔を加え、襟を正し、見事に経営を立て直します。そんな好例としても注目されている石屋製菓の4代目社長に話を聞きました。

いしみず・はじめ
1982年札幌市生まれ。2004年石屋製菓入社、13年から現職。

▶学生時代はかなりの体育会系でしたね。北海高校からスキー推薦で東洋大学へ進んだぐらい。実は父がスキーのインストラクターで、母はその生徒だったんですよ(笑)。姉が2人いますが、男の子は僕だけなので、まわりからは小さい頃から「大きくなったら社長だね」と言われて育ちました。父からはとにかく「おいしいお菓子の味が分かるように」と言われていて、大学時代にあまりに貧相な食事をしていたら「もっとおいしいものを食べろ」と注意されました。手作りでも外食でもいいから、偏らずにいろいろなものを食べなさい、それが自分の舌を磨くから、と。

よく日焼けしていますね

大学を卒業するとすぐに石屋製菓に入社。語学とチョコレートづくりを学ぶため、イギリスとスイスへ1年間留学しました。帰国後、昼間は工場で働き、夜は製菓専門学校へ通うという日々を1年半。

え!? じゃあお菓子焼けるんですか?

「白い恋人」の製造ラインにも立ちましたし、お菓子もパンもケーキもチョコレートも…ひと通りなんでも作れます。

▶しかし2007年、当社の不祥事が起こりました。北洋

銀行から島田俊平氏（現相談役）を社長に招き、安心・安全な菓子作りのためのコンプライアンスを強化、ようやく再出発の道が開けました。

これを教訓に、このままお菓子作りだけを学んでいてはだめだ、組織としても大きくなっているのだから、経営についてももっと学びたいと考えるようになりました。そんな時、小樽商科大学のビジネススクールに通う同年代の社員などから、MBA（経営学修士）の取得方法なども聞きました。

> おぉ! 小樽商科大でMBA！

「これだ!」と思って父に相談すると、はじめは一蹴されたんですよ。とにかく父は「おいしいお菓子を作りなさい」というのが一番で。それで僕の名前も「創」にしたくらい。

> お父さんの思い入れも相当ですね…

だけどなんとか説得して、11年から2年間、ビジネススクールでマーケティングや経営、起業家精神、組織についてなど、いろいろ学びました。僕と同じ「跡継ぎ社長」との出会いも多く、お互い悩みを打ち明けたりして、いい仲間ができました。

▶ いま振り返ると、入社7、8年目のあのタイミングで学べてよかったと思うんです。変な話ですが、あの不祥事がなかったら、僕は今でも、自分の会社のことしか知らない視野の狭い経営者になっていたかもしれない。

> なるほど…

おかげさまで「白い恋人パーク」の入場者数は年々増えています。そういえば、アメリカのフィラデルフィアには「ハーシーチョコレートワールド」があるのをご存知ですか？ここはチョコレートメーカー「ハーシー」によるまちづくりが成功しているんですよ。ホテル、大学、アメフトのスタジアムとか、いろいろあるんです。

　ストリートの名前も「チョコレートストリート」とか「カカオアベニュー」とか凝っていて、街灯も kiss チョコのデザインになってたりして…街全体に夢があってステキです。

> 面白い！
> 行ってみたい！

　実は、地下鉄東西線「宮の沢駅」から「白い恋人パーク」までは歩いて7分くらいなのですが、観光客がよく迷ってしまって、問い合わせがくるんです。だからその道のりを、遊び心を交えたチョコレートやキャンディーのサインでいっぱいにして、それを眺めながら楽しく歩いて迷わず到着できるといいなと思っています。

> それは楽しい！
> ぜひ実現しましょう。応援します！

　「駅に降りたら、もうそこはチョレートファクトリー！」みたいになるといいのになぁと。いつか札幌でも、観光客だけでなく地元の方にも愛されるチョコレートを通じたまちづくりを実現したい。地域の人たちとご一緒に。

<2014年1月4日◎第583回>

知らなかった ワタシ

　4代目社長って、きっと経営ばかり熱心に叩き込まれているんだろうと思っていたので、「お菓子もパンもチョコレートも、ひと通り作れますよ」とサラッと言われてびっくり！　おいしいお菓子への情熱も、経営理念もしっかり学んだたくましい4代目。今後の挑戦に注目したいです。

札幌人図鑑 File No.011

小砂憲一さん アミノアップ化学 代表取締役会長

結論のすぐでない事を粘り強く研究

こすな・けんいち
1946年札幌市生まれ。1984年に株式会社アミノアップ化学を創業、世界31カ国に研究拠点を持つ。北海道経済連合会副会長、北海道バイオ工業会会長。

知らなかったワタシ

自然エネルギーを最大限に生かし、70の環境技術を誇る新社屋が2011年に完成。想像を絶する立派な建物に度肝を抜かれながらの取材でした。自然の恵みから抽出された機能性食品は、国内のみならず海外の研究者からも注目を集めています。

さまざまな機能性食品を売り出していますね

▶ もともとは農業の研究をしていたんです。以前は家畜の飼料はほとんど輸入に頼っていました。それを、この北海道の原野に広がる雑草から作れないかと研究を始めたんです。自分たちで餌を作ることができれば輸入しないで済む。国際競争に勝てるじゃないかと。

するとひょんなことから、植物の細胞分裂を促進する物質を見つけました。たまたまなんですけど。しかしこれで、寒冷地でも寒さに負けず収量を多くする物質を開発できた。それが今のアミノアップ化学につながりました。

画期的！これで会社が大きくなった？まだ？

それでもまだ、経営としてはダメでした。北海道の農業は年に1回しか収穫しない。だからわれわれが新商品を作っても年に1度しか使われない。事業としてはなかなか成り立たないわけです。思えば当時のメンバーは、農業試験場の職員や大学の研究者などが中心。全く武士の商法みたいなもんで、商売にならないわけですよ（笑）。

あら〜〜〜

▶ これじゃあ会社の存続も危ういなと。そう思っていたら、たまたま研究過程の培養液を飲んでいたうちの研究者が、

肝臓などの数値がよくなり、体調が徐々に改善されることに気づいたんです。人の食べるものなら毎日消費されるから、そちらの方に開発の目を向ければ会社の経営も成り立つんじゃないかと考えました。

そんなわけで、会社の建て直しのために機能性食品の開発を始めました。それが今日のアミノアップの素になっています。うちの主力商品は、みんな私自身が開発にかかわっています。

> 会長って研究者だったんですね!?（スイマセン…）

キノコの担子菌から作った「AHCC」や、果物のライチから抽出した次世代のポリフェノール「オリゴノール」など主力商品はいろいろありますが、最初のヒットはシソの葉エキスの「アミン」です。

あるとき大学の先生とすし屋のカウンターで刺身を食べながら、「日本全国どこへ行っても、刺身の下には大葉が敷いてある。何か効用があるんじゃないか」。そんなちょっとした話から、シソはアトピーにいいとか花粉症にいいとかが発見できたんです。

> 意外とたまたまなんですね

「アミン」は即効性がありました。直接つけたり飲んだりするだけで、くしゃみが止まった、鼻炎の症状が軽くなったと評判になり、朝から晩まで生産しても間に合わないほどの大ヒット。会社設立以来7年間の赤字が一気に解消

されました。今まで売れなかった他の商品も売れるようになり、わが社の救世主になりました。

▶ 農業の研究から始め、今も「北海道のシソやキノコを使って、北海道で作りました」という北海道ブランドは、道外でも海外でも安全・安心を訴える大きな力になっています。私たちはその自然の恵みを研究し、商品にしているわけですが、天候や土の状態は年によって違います。だから、研究は何年も何年も繰り返して、やっとその結果を得ることができるのです。

> 何年も繰り返し粘り強く…

ひとつの発見から製品になるまで5、6年はかかります。うちでは11年かかって開発したものもあります。すぐ結論が出なくても、粘り強く研究することが大事。黙っていては、このような寒い環境では作物はできません。だから技術革新。資材関係も研究開発をしていかなければ成り立っていかないんです。

百年前、北海道ではお米は1粒も採れませんでした。しかし今は、技術の進歩で日本一になろうとしている。だからもっともっと、われわれの手で新しい農業技術を導入しながら、北海道の農業を世界一にしたい、そんな期待と希望を持ってやってきたんです。

<2014年1月22日◎第601回>

「たまたま」「偶然」「ひょんなことから」…でもこれは全て、常にアンテナを張っていたからこそキャッチできる「必然」がなせる技だったのだろうなと感じました。大きな会社の経営者だと思っていた方は、熱い熱い思いを胸に秘めたバリバリの研究者でした。

札幌人図鑑 File No.012 | 幡優子さん 株式会社テックサプライ代表取締役

その人じゃなきゃ ダメな事がある

知らなかったワタシ

仕事が忙しい時、体調が悪い時、特別な行事がある時など、ちょっとだけサポートがあればとってもありがたい。でも、掃除や食事の支度など、日常の家事にプロの手を借りるのはまだまだ抵抗がある？ 独自の発想でサービスの幅を広げる女性社長へのインタビューです。

はた・ゆうこ
1960年北海道厚岸町出身。従業員を「家族」と呼び、人間力を大切にしながら、仕事を通して社会に貢献し、従業員の幸福を実現する会社を目指す。

▶ ビルメンテナンスの会社として立ち上げ20年になります。清掃、メンテナンス、警備業を営む中、不動産関係の仕事として空室の部屋の清掃を始め、法人だけでなく一般にもサービスを広げました。介護保険を使った掃除やお手伝い、庭の草むしりや雪かき、部屋の模様替えとかも……。

> いろんなお仕事をなさってるんですね〜！

例えば、高齢になると大型ゴミのシールは買って来れるけど、その大型ゴミを外に出せない。そういう時に手伝いに伺います。猫の手も借りたい時にお役に立ちたいということで「ねこの手サービス」と名付けました。その後「ふくふくサービス」として介護事業も行っています。

> 素晴らしいです！

有限会社から株式会社にした時、司法書士の方から「あなたは社会に大きな貢献をしてますね」って言われて驚きました。「たくさんの人を雇って世の中を良くしているんだよ」って。うれしかったです。それから私の仕事は、仕事を作って、雇用を創出して、それを守っていくことだと考えるようになりました。

> いろんな仕事を組み合わせて?

ビルメンテナンスだとパートさんが日に3～4時間の仕事だし、警備業だと8カ月くらいの仕事だから、若い男の人でも数カ月間は失業してしまう。だから、季節的に変動のある職業の人も、安心して家庭を持つことができるように、12カ月きちんと給料を払える仕組みを作っていきたいんです。

▶ 会社を立ち上げたのは34歳の時。夫を病気で亡くし、9歳、7歳、4歳の3人の一人親になってしまった。これからどうやって育てていこうかと考えて…実家は酪農をしていたので搾乳はできる（笑）。あとは大学を出てから1年半だけ勤めた「ビルメンテナンス」の仕事。やったことがあるのはこの2つだけだったので、後者を選んだわけです。

> なかなかの二択

よく、夫の会社を継いだと勘違いされるんですけど、私が立ち上げたんですよ。見積書の作り方もさっぱり分からないような状況だったのに、いい人に恵まれて皆様に応援していただいて……。だから「頑張らなきゃ!」と思いました。

> 幡さんのお人柄ですねぇ

ビルメンテナンスは人のいない時間に仕事をします。夜中や朝早くにお掃除したり、ワックス掛けをすることが多いんですね。最初は子供3人を家に置きっぱなしにして、朝から晩まで仕事をしました。それで夜中の1時、2時に家に帰ると、3人がソファで団子になって寝ていて、テレビは砂嵐になっていて。それを一人ずつ抱きかかえて2階のベッドへ連れて行くんです。

> くぅ～～～
> 泣かせるわぁ～～

とにかく疲れているので、ひどくお腹が空いているのに卵ひとつ焼く元気もない。炊飯器からご飯をよそって、水道の水をかけて、流しで立ったまま食べました。そしたら、「あぁ、私はいったい何をやっているんだろう」と情けなくなったんです。

私が子供たちにしなければならないことは何だろう。確かに生活のために一生懸命働かなくちゃいけないけれど、その他にもっと大事なことがあるんじゃないか。母親として子供をしっかり抱きしめてあげる時間こそが大事なんじゃないかと思ったんです。

▶私、専業主婦の延長で仕事をしてたんですね。帰ってすぐ晩ご飯の支度を始めるには、朝ごはんの茶碗は洗ってなくちゃダメでしょ？

　そこから「ねこの手サービス」のヒントが生まれました。頼めることは人に頼んで、子供の話をちゃんと聞いてあげる、子供と一緒に寝てあげる……。お母さんじゃなきゃダメなことがあると思うんです。例えば、暮れのお礼状を書くのは奥様じゃなきゃダメでも、大掃除は誰がやっても…「猫の手」でもいいわけです。

　いま必要なサポートを必要な分だけ上手に使って、自分じゃなきゃダメな時間を諦めないでほしい。そのためのお手伝いがしたいと願っています。

<2014年3月2日◎第640回>

> 水茶漬けか…

> そーそー！ それだけでも大助かり！

> そーだ！ 大掃除は猫の手だー！（喜）

知らなかったワタシ

　子育ての苦労が身にしみて、ウルウルきちゃうインタビューでした。20年経った今では、夜遅く帰ると3人の子供がビールを飲みながら「おかえり」と迎えてくれるらしい（笑）。子供時代は意外に早く通り過ぎます。さまざまなサービスを上手に味方につけて、働く女性がますます輝ける社会に！

札幌人図鑑 File No.013

よっちゃんさん
「うたごえ便よりみち」代表、アコーディオン弾き

あれ？
私 ひとりじゃなかった！

1972年青森県出身。本名・石澤佳子。「うたを通して地域に交流の場を」をモットーに、2011年から町内会、同窓会などへの出前演奏を行う。参加者数はのべ4000人を超える。

アコーディオンを抱えて老人クラブやイベント会場へ歌声喫茶を出前する。その数500回!? お団子ヘアーがトレードマークのとびきり元気なよっちゃんにインタビューしました。

▶以前、高齢者福祉関連のNPO法人で働いていました。そのとき先輩から「歌声喫茶って知ってる?」って教えてもらったんです。私はピアノが弾けたので、面白そうだとやってみたらウケがよかった。皆さん最初は大人しいんですけど、歌集を見ながら声を合わせるうちに、だんだん大きな声が出るようになります。さらに盛り上がってくると、昔話を思い出して涙したり、興奮して手拍子が止まらなかったり。

なるほど！それなら参加しやすい

カラオケと違って順番に一人ずつ歌わされないでしょ? だから私、いつも言うんです。「間違ってもサボっても、誰にもバレないからお気軽に〜」って。みんな喜んでくれるからやってて楽しいし、「コレはイケルかも、いつか独立できたらなぁ」と思っていました。

そんな時、ビジネスコンペに出てみないかという話があり、出てみたら採用されちゃった。それで思い切って退職して、起業を決めたんです。

大胆だなぁ！

最初は何から始めていいかも分からず、「出前歌声喫茶やります」と手書きのチラシを作って配ったり、「お試し期間」と称して無料でやってみたり。そのうち起業支援金

の切れる期日が迫り、個人事業主ですから有料で仕事を受けなくてはいけなくなった。そうすると「これまでタダだったのに有料なの?」となり、ご依頼はガクッと減ってしまいました。

▶ フリーの人は誰もが経験しているのではないでしょうか。特に、お腹の膨らまないことに対価をいただく難しさ。オリジナリティーの高い仕事を生業とする場合、値段の付け方にも頭を悩ませますね。

> キビシー!

> わかるわかる

　新聞にチラシを打つなどの広告費はないので、宣伝はあくまで口コミに頼りました。高齢者メインなので、ネットというわけにもいかなくて。

　でも「団塊オーバー」の口コミってスゴいんですよ。一度やると「今度はうちの町内会に来て」「老人クラブの新年会でやって」と数珠つなぎに評判は広まりました。

> 知らなかった…

　お一人様が参加しやすいのもいいところです。「あら、ご一緒するのは何度目かしら」とすぐに歌声友達ができてしまう。

　先日は、歌声つながりで仲良くなったメンバーで、温泉に、それも定山渓(じょうざんけい)じゃなくて出雲まで行ってきたっていうんでびっくりしました。「きっかけをくれたよっちゃんに」とかわいいお土産もいただいてうれしかった。

▶ うれしいと言えば、最近サポーターができまして。常連のオジサマたちなんですが、会場の設営や受付をしてくれたり、歌声のサポートをしてくれます。会場が広いと私の声が後ろまで届きづらいので、サポーターのオジサマたちが後方から大きな声で歌ってくれます。これ、すごく助かります。とてもいい感じなんです。

> わはは…ステキー!

　歌集は季節に合わせて毎月手作りで用意します。選曲にもオジサマたちは大活躍。3月は卒業ソングを増やしたりしてね。でも私にとっては全部新曲のようなもの。知ら

ない曲が多いので耳コピで覚えます。自分のペースで楽しくコツコツできるのが一人の強みだなぁと思っていたけど、私…一人じゃなかったですね（笑）。

<2014年3月26日◎第664回>

ロマンとそろばんのバランスは大切ですが、福津はあえて「ロマン先行」をおすすめしたい。ロマンがあるからこそ、応援してくれる仲間や、お金を生むアイデアも湧いてくると思うんです。愛とロマンが札幌を元気にする！（歌声喫茶は2016年末までになんと1413回を数えたそうです）

札幌人図鑑 File No.014 岩井尚人さん

一般社団法人プロジェクトデザインセンター専務理事

エネルギーロスをなんとかしたくて

知らなかったワタシ

エネルギーのことにとにかく詳しく、そのたたずまいも相まって、エコ関係者から「エネルギー王子」と呼ばれている岩井さん。当時のご自宅も、太陽光パネルやペレットストーブ、雨樋（あまどい）から雨水をタンクにためて洗車や花の水やりなど、あらゆる工夫をしていることで有名でした。

いわい・なおと
1965年札幌市生まれ。合同会社エネロスバスターズ代表社員。一般社団法人プロジェクトデザインセンター専務理事。

▶エネルギー問題が注目される昨今、どうやれば省エネできるか、しかもみんななるべく我慢はしたくないので、快適性は上げつつ、どうエネルギーを減らせるかというやり方を探しています。

でたー！
エネルギー王子！

実は私たちの暮らしの中でも「エネルギーロス」って多いんですよ。例えば、回っている音はするけれどうまく空気を外に出せない換気扇とか、せっかくの熱を外に排出してしまう暖房器とか……。エネルギーロスの8〜9割って、汚れ・つまり・もれが原因なんです。ガス台の換気扇の掃除はしても、天井の空調機ってしないでしょ？　あれ、素人でも簡単に外して掃除できます。外すとすごいことになっているお宅がほとんどです。

見たいような
見たくないような

先日、道内のデパートとか病院、公共施設で実験事業を行いました。ある施設では、前年に照明を全部LEDに変えていましたが「まだ減らせるか？」と相談を受けたんです。僕たちがひと通り見た中で、一番大きなエネルギーロスはボイラー室でした。ボイラー室ってたいてい暑いん

051

ですが、あの熱のほとんどは配管から外に出てしまった熱で、全部換気扇で外に捨てています。

> もったいない！

そこで、放熱しているところにきれいに保温材を巻いたり断熱をしたりした結果、ボイラー室が涼しくなった！　この他にも総合的にチェックした結果、そこの施設では重油の消費量が６割、水道の消費量は５割、電気の消費量は４割も減りました。新しい省エネ機器を何一つ入れなくても、実はそれくらい減らせるんですよ。

> 今のお仕事につくきっかけは？

▶ 以前は電力の会社に勤めていました。今から 20 年以上前になりますが、地球温暖化がクローズアップされ始め、「温暖化がこのまま進むと電力会社にどういう影響が及ぶか調査せよ」というプロジェクトができて、北海道代表の一人として参加、２年間勉強しました。

はじめはそれほど興味があったわけではなかったけれど、２年間調査する中で「この問題はこのままいったら大変なことになるぞ」と気がついて。僕は電気料金の調査をする担当でした。出してしまった二酸化炭素を回収して、海底や地中に閉じ込めるという技術もあるんですが、実際にそういうことをした場合、電気料金がいくらになるかとか、あえて電気料金を高くしたら、どれくらい使用量が抑えられるかとか……。当時、僕らの出した結論では、電気料金を少なくても今の２〜３倍にする必要がある、それぐらいじゃないと地球温暖化は止められない、という結論でした。

> きゃーー！
> 大変！ 大変！

それを、当時の東京の電力会社の副社長に渡して自分の会社に戻ったんですけど、会社に戻ると、現場はそれとは真逆のことをやっているわけですよね。そのギャップに真剣に悩み、頭を抱えてしまった。当時の社長にそのことを話したら、「じゃあ、それをお前のライフワークにしろ」と言われました。

> 平たく言えば「仕事としてはできへんで」と? 笑

それからは、5時までは一応ちゃんと仕事をして、その後はエネルギーや環境のことを調べるという毎日。土日や有給休暇を使って自費でヨーロッパや熱帯雨林を訪ね、環境の調査を続けました。5年前に退職した時は有休も貯金もゼロでした。

> そこまで…

▶ 今は一般社団として、持続可能な社会作りのプロジェクトを手掛けています。エネロスバスターズって、ゴーストバスターズのね…分かるでしょ（笑）。水が漏れたとかブレーカーが落ちたとかと違って、熱などのエネルギーはロスしても目には見えない。「目に見えないエネロスを見つけるにはバスターズが必要だ！ そうだ、エネロスバスターズだ！」という発想です。つなぎを着てリュック背負って、ヘルメットにヘッドライト姿で……。

> 例の格好ですね

遠く離れたところの温度を測る温度計があるんですけど、それがちょうど鉄砲みたいな形をしているので、それを持っていろんなところのエネルギーロスを見つけて歩くイメージです。あそこだ！ あ、あそこにも！ バキューン‼ …みたいな（笑）。

みんながエネルギーについて興味を持ち、行動が変わるようなムーブメントを起こしたいですね。

< 2014年3月29日◎第667回 >

企業や一般家庭でできることって、まだまだありそう。エネルギー問題は「辛抱・我慢」だけじゃなく、身近なことから合理的に向き合っていきたい。その一つとしてエネロスを認識し、改善するのが節約への近道ですね。もっと教えて！頑張れ、エネロスバスターズ！

札幌人図鑑 File No.015 後藤栄二郎さん 丸美珈琲代表取締役

知らなかったワタシ

あまりコーヒーが 好きじゃなかった（笑）

ごとう・えいじろう
1974年札幌市生まれ。国内外数々のコンテストで入賞を果たす。丸美珈琲店は札幌市中央区に自家焙煎珈琲店およびコーヒー豆販売店3店舗。

　札幌にも増えてきたサードウェーブ系のカフェ。共通点は「一杯ずつちゃんと出す」「トップスペシャルティの良い豆を使う」そして「バリスタがイケメン」笑。コーヒーのテイスティングで世界レベルの味覚を持つというカフェオーナーの話を聞きました。

▶ 親が札幌市北区に「ペケレット湖園」というジンギスカン専門店を経営していましてね。小学校の頃から、僕も経営者になりたかったんです。作文にも「社長になりたい」と書いたほどです。

> え!? ペケレット湖園の息子さんだったの?

　おいしいジンギスカンがあり、景色のいい庭がある。自分はジンギスカンも庭仕事も大好きだったし、営業は夏場の4～11月だけという働き方も気に入っていました。

　僕ね、ウインタースポーツが大好きなんですよ。だから親の働き方を見て、仕事と遊びが両立できて素晴らしいと思ってたんです。

> 男のロマン。。

　ところが僕が大学2年の頃、大阪で勤めていた兄が結婚して、帰ってきて家を継ぐことになったんです。僕は次男ですが、小さい頃から「店はお前が継げ」と親父から言われて育ったもんだから、僕もすっかりその気だったのに。急に「栄二郎、お前どうする?」って。親としてはやっぱり長男に継がせたいんですね。僕はそこで夢が破れ、やることがなくなってしまったんです……。

でもやっぱり、将来は自分の店を持ちたいと思っていたので、その見本になるような創業者の元で仕事をしたいと考えました。そこで、札幌でモデルとなるような人を5人、父から紹介してもらって話を聞きました。

その中ですごく魅力的だったのが「可否茶館」という珈琲屋さんの創業者、滝沢信夫さんでした。カリスマ性があって、「経営に対する理念」が、以前父や祖父から聞いた話と一致するところが多く、この人の元で仕事をしたいと強く思って就職しました。

▶ 実は就職してから気づいたんですが、僕はあまりコーヒーが好きじゃなかった（笑）。

考えてみると、うちの家族はコーヒーを飲まなかったので、家にはコーヒーの香りもなく、要するになじんでなかった。だから好きでも嫌いでもなく、ただただ苦いと思ったのがスタートでしたね。でも、お客様に勧めるには、まずは自分がコーヒーを知らないといけない。それで人気店の豆を全て取り寄せ、試飲を続けました。

3年ほどそれをやって、店長になった頃でした。全国の店長が工場に呼ばれ、翌月発売するコーヒーの試飲をして売り文句などを決める機会があったんです。その日は工場長が「今日はどんなコーヒーか言わずに出すから」とゲームっぽく試飲させました。ほとんどの店長が、その味を苦味や酸味で表現する中、僕だけ産地が分かったんです。「これはコスタリカのもので、新しい精製方法をとっているものです」と言ってみんなを驚かせました。

考えてみれば、コーヒーが大好きでそこに勤めている人は、既に好みの味があって毎日それを愛飲してますよね。僕にはそれがなかった分、逆にさまざまなコーヒーを飲んで比較することができたのかもしれません。

▶ 2000年以降、スペシャルティコーヒーの登場で、コーヒー

> 知らなかったワタシ

> ロールモデルを探したんですね

> なんですとー!?

> 仕事のために飲み続けたんですね…

> ほぉ～～

> 好きだからいいってわけじゃなかった

の良さをワインのソムリエのように正しく判断する必要があるという流れが生まれ、じゃあ僕もその味が分かる資格が取りたいと思いました。そして08年、神戸でコーヒー鑑定士の資格を取る国内初のカリキュラムを受けたんです。

ところが、コーヒーの勉強ができると思って行ったのに、7日間毎日テイスティングのテストばかり。2リットルの水を入れたペットボトルに耳かき1杯の塩、砂糖、クエン酸を入れたものを倍に薄め、さらに倍に薄めてテイスティング。これはもう、分かる人には分かる、分からない人は何回やっても分からない、そういうレベルでした。

> 私、絶対わからない自信ある!

大手の焙煎人など20数人が受験して、合格者はたったの5人。僕は1番で合格したんですよ。その後の世界大会では3位。味が分かれば、今度はその味に焙煎できるかということで焙煎の大会へ。こちらでも日本一をいただきました。

日本の大会では司会をすることもあります。今や業界ではスプーンの評価よりマイクの評価の方が高いかな!?（笑）

<2014年5月8日◎第707回>

自分なりの将来設計が崩れてしまった時、ゴリ押しするでもゴネるでもなく、一度立ち止まり風景を見直したところが素晴らしいなと思いました。何をするにも、まずは情報収集から。進むべき道を決めたら、学ぶべきスキルも自ずと見えてきます。道は一つではないのですね。

札幌人図鑑 File No.016　ラノベプロジェクト

リノベーションや家具作りに取り組む夫婦ユニット

「りのべ」の一歩手前で「らのべ」です.

「ら」のワッペンを付けたツナギ姿で「レレレのレ〜…違う、ららら〜♪」と陽気に現れた若夫婦。自分たちが提案するプロジェクトを「ラノベ」と名付けました。「リノベ」ほどお金をかけない、その一歩手前だから「ラノベ」。そのかわいいセンス、すでに好きです。

三木万裕子・佐藤圭。早稲田大学理工学部建築学科卒業後、東京の建築設計事務所勤務を経て札幌で独立。大分県臼杵市にも拠点を持つ。三木佐藤アーキ共同主催。

▶ 建築設計事務所をやる傍ら「ラノベ」というプロジェクトを始めました。私たち夫婦と宮大工さんの3人で活動しています。リノベーションというと「新築する」とか「お金がいる」「時間がかかる」イメージですが、「ラノベ」はもっと気軽で陽気な気持ちで。「これ欲しい」と言われたら3日くらいでパパッと作って「はい、どうぞ」みたいなノリ。特に賃貸だったり実家だったりすると、しばらくの間だからと諦めがちじゃないですか。

でも、例えば私の自宅ですが、普通の小さな賃貸のキッチンでも、向かい側に作業台を作っただけで、オープンキッチンのようになり、暮らしがまるで変わりました。「みんなこういうのを求めているのでは?」と思ったんです。僕らは自分たちで物が作れるので、欲しい人には作ってあげられるし、自分で作ってみたい人と一緒に作り方を考えてあげてもいい。

ラフに、ライトに。これが「ラノベ」です。こういうことを仕事にしたいと思ったんです。

> 「ラノベ」という響き、くすぐりますね

> ピッタリサイズを探すのも大変です

知らなかったワタシ

建築士同士の新婚さんなんですってね

▶ そうなんです〜。夫は九州の大分県、私は札幌出身です。東京の大学で一緒で、そのまま東京で就職しました。それぞれ働いていた設計事務所が、建物だけでなく街づくりやいろいろなリノベーションもやっていて、いい経験ができました。

ただ2人とも忙しすぎてすれ違いが多く、いずれはどちらかの地元へ帰って独立したいと話していたんです。そこで「自分たちがどういう物を作りたいのか?」を共有しようと、思い切って2人で会社を辞め、2カ月間バックパッカーでヨーロッパを旅したんです。

2人同時に無職!?若いってステキ…

トルコから入って、スウェーデンまで11カ国。物価の高いエリアでは「パン屑(くず)を食べて生きる」みたいな感じでしたけど(笑)。そこでいろんな街や建物を見て「自分たちがどういうものに感動し、どういうものをいいと思うのか?」をずっと話しながら旅しました。

パン屑かじれど心は錦

2人ともいいなと思ったのは、建物が主張するのではなくて、建物と人がいい関係で付き合っている感じのもの。実際に住んでみて生活感が出たとしても「片付けなきゃ、きれいにしとかなきゃ」という感じではなく「ありのままでいい」「使いこなしてください」みたいな建物のあり方がいいと思って。

無理したって続かないしね〜

ヨーロッパの人は、やはり建物との関係も成熟しているというか、付き合い方がステキですよね。手直しして長く使うし。2カ月の旅行を通じてそこを共有できたことが、今の仕事をするに当たって良かったことです。

▶ 最近はDIY教室もやっています。先ほど言ったように、「ラノベ」メンバーはもう1人おりまして、恵庭の宮大工・村上智彦さんには大変お世話になってます。最初は、私たちが彼に大工の技術を教わるところから始まったんです。実際、半年前まで工具を握ったこともなかったんです

自分たちは普通だと思っていたんですが、大工さんに「それ知らないでやってたの?」と言われたり。やっぱり、作り方も理解した上で物を考えるのが自然だし合理的だと思うので、本来の姿になってきたんじゃないかなと思っています。村上さんも「教えてみて、相手が何が分からないかに気づくことができた」と言ってくれました。だから、どうやれば分かりやすいかなど、3人で相談しながら内容を練っています。

> へぇ〜。
> 設計と施工は別物なんですね

　DIYって、ひとりで黙々とやるのは意外にしんどいらしいです。「DIY鬱」という言葉もあるくらい。だから「コツを覚える」というのと「みんなでやる」というのがポイントなんです。楽しくないと続かないですしね。大きなお金をかけずに自分で思い通りのものを作ったり、僕らもびっくりするような豊かな暮らしを送っている人たちに、札幌でたくさん出会えました。

> お金があればできる、なければ諦める、という選択肢だけじゃなく

　また、そういう風にしたいけど自分ではできない、どうやったらいいか分からないと思っている人も大勢いると思う。そういう人たちの暮らしを豊かにするお手伝いを、「ラノベ」としてできるといいなと思っています。

<2014年5月20日◎第719回>

> 何より感動したのは、これからの働き方・生き方を2人で一緒に探したこと。大切にしたい感性の部分をじっくり共有し、自分たちが快適と思える生き方を実践した。それこそ、自分たちのこれからを「ラノベ」したわけですね。自然体で真っ直ぐな生き方がイマドキだと感じました。

札幌人図鑑 File No.017

林里紅さん　犬ぞりレーサーから建設業へ

第六感を経営に生かす

はやし・さとこ
1974年札幌市出身。24歳で渡米し、犬ぞりプロレーサーに。現在は家業である国際技建の専務取締役。札幌での犬ぞりレース復活のため講演活動なども行う。

　中高女子校のお嬢様が犬ぞりレーサーに!?　30歳のときアラスカでチャンピオンの座をつかんだのはアジア人女性初の快挙だったという。15年間のアラスカ生活を経て、家業を継ぐため帰国。男性ばかりの業界で奮闘中の女性に会いに行った。

▶ 小さい頃、家に泥棒が入ったんです。ところが、飼っていたポメラニアンが番犬にならず、当時流行りのシベリアンハスキーを飼い始めました。最初は1頭だけだったんですけど、子供が生まれたりして7頭になって、自転車やローラースケートで散歩したりしてかわいがっていたんです。

> 犬ぞりレーサーを目指すきっかけは?

　ある日、テレビで犬ぞりレースを見て衝撃を受けましてね。雪の上を走る犬の姿が美しくて美しくて、「あの絵の中に入りたい!」と思った。13歳の頃でした。

　当時は札幌にもたくさんチームがあったんですよ。でも犬ぞりって、なんかこう…おじさんがほっかむりして長靴で出ているイメージがあったので、同じチームの1つ下の女の子と「もっとスポーツっぽくしよう」と相談して。スポンサー名のついたジャンパーを作ったり、それを着てデモンストレーションしたりしましたね。

> その感性がステキです

　14歳でレースに出ると、うちの犬は速くてぽんぽーんと勝ち進み、国内チャンピオンになっちゃったんです。元の

夫とはレース会場で知り合いました。

コーチでもある彼と海外遠征を重ねるうち、彼が世界チャンピオンになり、アラスカの永住権をもらったんです。アラスカは何もないところだけど、遠征で何度か訪れたことがあって「ここで生きていけたらステキ」と思っていたので、二人で永住を決めました。私は24歳でした。

アラスカはマイナス40度の世界。鼻毛どころか目の玉も凍ります。凍ったら視界が曇るので、こう…片目ずつ手を当てて解凍すると見えるようになります（笑）。

> ガクガク
> ブルブル…

顔中、凍傷だらけでしたね。自家発電し、井戸水を使い、猟をする生活の中で一番感動したのはオオカミの皮を鞣した時。アラスカのオオカミは、天井から吊すと3メートルにもなるんですよ。サバイバル能力は身につきましたね。何があっても私は生きていけるという自信がつきました。

▶ レースに出る犬はサラブレッド化していて、繊細な子ばかり。怒ったり厳しくしたりすると、一切をボイコットします。「なんであなたのためにワタシが走るの?」みたいな。だからもう、おだてておだてまくって…メスには「今日もキレイね～!」って（笑）。

> 厳しく躾けるんだと
> 思ってた

一番多い時で70頭飼育したことがありますが、5頭ずつローテーションで、同じベッドで一緒に寝ました。一頭一頭性格は違う。それをどう見分け、どう対処するか。犬と心を通わせるレーサーが一番速く走れるのです。

> 寝食を共にする
> わけですね

犬ぞりはリズムで走るのですが、勝つ時は分かります。周りの景色がスローモーションになり、音も消え、感覚もまひして「勝てる」と分かる。「犬ぞりは麻薬」という言葉があるくらい、エクスタシーを感じる瞬間です。

> へぇ～～～

私は30歳で世界チャンピオンになりました。チャンピオンになる夢がかなって、これからどうしようかと考えていた頃、父のすすめもあり家業を継ぐことを決めました。

知らなかったワタシ

◐ 会社は建築物の鉄筋接合やレール接合を行う建設業。現在は経営学を勉強中です。そういえば私、もともと小さい頃から犬と会話してたらしいんです。母から「大きくなったら犬と人間の通訳の機械を考えなさい」って言われてたくらい。

> ホントはそこももっと聞きたいわ笑

言葉を話さない犬たちとのコミュニケーションは第六感が大きな役割を果たします。人間は言葉ができるぶんラクに見えますが、言葉は嘘を言えるんです。ただ私、第六感が発達しているので、言葉の裏は全部わかります。人を見ただけで、この人は今こんなことを考えていると分かります。

> バウリンガルいらず笑

毎朝、出社すると社員さん全員の名簿を見ながら考えるんですよね。あぁ、この人は何をやってるかなぁ、調子はいいかなぁって。これ、たぶん経営者はみんなそうかもしれませんね。仕事の中では、言葉にならない言葉も第六感で感じ取ることが必要になってくるんです。

> アラスカで磨かれた第六感、恐るべし

犬ぞりレースでは、指示を出す人のことを「コマンダー」といいます。マネジメントもコマンダーだと思う。私はアラスカでこの力を鍛えてきたので、物事を客観的に広く浅く見たり、声にならない声を心で感じるのが得意です。女性をほとんど見かけない業界ですが、この第六感を生かし、祖父が創業したこの会社を、みんなで作り上げるオーケストラのようにしたいと願っています。

<2014年10月27日◎第849回>

アラスカには「犬のお尻にキスをする」という諺があるそうです。それくらい深い愛情と強い信頼関係がなければレースに臨めないのですね。ビジネスもそうあれたら素晴らしいと思いました。まずはこちらから惜しみない愛情を注ぐ。すると愛ある仕事で帰ってくる。愛だね、愛!

札幌人図鑑 File No.018 | しものまさひろさん
あへあほ体操 考案者

走る事だけは得意だった

1979年札幌市生まれ。株式会社AHプロジェクト代表取締役。2007年に考案した「あへあほ体操」の教室は70カ所を超える。著書に『お腹がへこむ！あへあほ体操』（主婦の友社）。

知らなかったワタシ

　ポップな衣装に弾ける笑顔。歌のお兄さんのようなキャラクターで、ユニークな体操を広めている。声を出すのは勇気がいるけれど、やると楽しく覚えやすいと評判の「あへあほ体操」。オリジナルのCDも出しているのに、歌は苦手と笑うスポーツトレーナーにインタビュー。

▶ 子供の頃から体を動かすことが大好きでした。学校の成績は…まぁ、置いといてって感じで（笑）。とにかく走ることが大好きだったんです。大好きだったんですが、高校で陸上部に入ると、上には上がいるって感じでダメだった。でも自分から走ることを取ったら、一体何が残るんだろうと思ってしまって……。

陸上の選手だったの?

　そんな時、自衛隊から声が掛かりました。「自衛隊に入れば、好きな走ることも続けられるよ」って。実は当時、介護系の専門学校への進学が決まっていたんですが、そっちを断って自衛隊への入隊を決めました。

そんな風に入隊する人もいるんですね…

　ところが、入隊したら走れると思ったのに、そんなことはなかったです。なんかもう…戦闘服だし…9人部屋だし（笑）。6カ月間の教育を受けてやっと部隊に配属されても一番下っ端。

ですよね〜

　それでも先輩の靴磨きや掃除など下積み生活をしながら自主トレを続け、2年目の競技大会でトップになり、チームに引っ張ってもらえた。僕は自衛隊の駅伝選手になりま

した。でも、成績を残さないと部隊へ戻されてしまうので必死なわけです。

▶ それで毎日真剣にトレーニングを重ねていたのが、僕の場合は裏目に出ました。ケガによる入院を2度したんです。2度目の入院で部隊長から肩を叩かれて……。それまでずーっと「走ること」を生きるモチベーションにしてきたので、そこをシャットアウトされるとどうしていいか分からず、しばらくぼーっとしていましたね。

> 大変だ…

でもある日、これからの目標は、選手時代にお世話になった「スポーツトレーナー」がいいんじゃないかと思い立ち、イメージするとワクワクしたんです。23歳の時でした。それからスポーツトレーナーを目指して日本カイロプラクティックドクター専門学院札幌校で学びました。昼間は整骨院や整形外科で勉強して、夜は専門学校で学び、2年で独立することができました。

> 本当に好きだったんですね…

▶ 運動指導の教室を開いて少しずつ軌道に乗ってきた頃、一人の生徒さんに「先生の運動は分かりやすくて効果も出ているんだけど、家に帰ると忘れてしまう。運動ってインパクトが大事なんじゃない?」って言われたんです。

僕は当時、真面目に運動指導をしていたので「インパクト」なんて意識したことがなかった。そこから自分なりの「インパクト」探しが始まるんです。僕が当時、重要だと思っていたエクササイズが「ドローイング」といって、息を吐きながらお腹を「ふ〜」っとへこませるような運動です。腹横筋という、お腹の奥の方の筋肉を鍛えることができます。これに発声をつけると面白いんじゃないかと思いました。言葉はインパクトのある楽しいのがいいな、「は行」ってすごくお腹に力が入るな、と。空気をしっかり出しながら「あふ〜」とか「あひ〜」とか言ってるうちに「あへあほ」がしっくりくるな、これはアリかなと。

> 生徒さんがそんなことを…?

> 「はひふへほ」は一番空気を使いますね

そこで思い切って生徒さんの前で発表してみました。前の日まで真面目に指導していた30人の生徒さんにです。
「あへあほ体操って考えてみたんですが……」
「どうやってやるんですか?」
「『へ』と『ほ』でお腹をぐーっと凹ませるだけですよ」と、やって見せて……。僕の顔は緊張して真っ赤だったと思うんですけど、勇気を出してやって見せたら、みんなやってくれて。すると、会場がこれまでになかったような一体感に包まれたというか、あったかい雰囲気でいっぱいになったんです。

> 信頼関係のなせる技!

それからは自分で作ったこの体操に自分が一番期待してしまって、毎日「あへあほ」言い続けています! あれから8年。今ではインストラクターが26人に増え（現在は35人）、エクササイズとして認められるようになってきました。これからは全国から北海道に学びに来てもらって、「あへあほ」インストラクターが増えるといいなぁ。

> しものさんが行くんじゃなくて? 笑

あ、僕は飛行機が苦手なもので……（笑）。

<2014年12月1日◎第884回>

自分の進路をあっさり変えてしまうほど走ることが大好きだったしものさん。これを取ったら何が残るんだと思えるほど好きなことって、ワタシにはないのでうらやましかったです。外見の印象と違い（ゴメンなさい!）、硬派で真面目なライフストーリーでした。

札幌人図鑑 File No.019 小林優子さん

札幌五輪のリュージュ選手「りんごちゃん」

オリンピックに1番近い競技

こばやし・ゆうこ
1950年札幌市生まれ。冬季札幌五輪リュージュ女子1人乗り第5位入賞。現在も趣味のバレーボールをやりながら、冬には藤野リュージュコースへ足を運ぶ。

あるリュージュ愛好家を取材した際、1972年の札幌オリンピックで5位になった「りんごちゃん」がまだ現役で滑っていると興奮気味に教えてくれました。年上世代に聞くと「覚えてる!」「懐かしい!」と喜びの声が。いま64歳という札幌オリンピックのスターに会いに行きました。

りんごちゃんこと、小林(旧姓大髙)優子さんの登場!

▶日本は札幌オリンピックからリュージュ競技に参加しました。当時、私は練習場近くの札幌石山高校に通っていました。たまたまリュージュ連盟のコーチが校長の教え子だったこともあり、即戦力を育てようと選手のスカウトに来まして。誰かイキのいい活発な子はいないかと探して、私に声を掛けたんでしょうね(笑)。

よほどイキが良かった!

腹筋や脚力が求められるので、本当は柔道部がよかったらしいんですけど、石山高校に女子柔道部はなく、私はバレー部でした。当時はリュージュなんて、見たこともないスポーツです。聞けばヘルメットをかぶるっていうし、怖がる子もいましたね。でも私は「怖い」より「面白そう!」と思って仲間と一緒に練習を始めました。

「面白そう」と思えるかどうか…

当時は氷じゃなく雪のコースだったんですよ。オリンピックの強化練習でドイツへ行った時は驚きましたね。初めてパイピングコースを見て、恐怖で足がガクガク震えました。これまで練習したコースと、距離もスピードもまるで違ったんです。こっちは乗り始めて何年も経ってないし、乗り方

もよく分からない。だいたい海外の選手とは体格が全く違います。

> 横綱と小結くらい?

当然、体の大きい方が加速がついて有利です。今は体型に合わせておもりを付けるのですが、当時はなかったし……。でも勇気を出して乗ってみたら、やっぱり気持ちよかったんです(笑)。凸凹がなくてシャーッとスピードが出る。その分操作は難しいですが、やっぱり楽しかったんです。

> さっすがぁー!笑

それからは、リュージュ漬けの毎日。私の青春の目標はリュージュが強くなることだけでした。自分も夢中だったけど、いま振り返っても…あれは札幌を挙げて、国を挙げての取り組みだったと思う。どうすれば上手く滑れるかというバックアップを周りが一生懸命してくれたので、練習への意気込みが違いました。その中でのオリンピック5位入賞は本当にうれしかったですね。

私、外が寒いとすぐにほっぺが真っ赤になっちゃうから「りんごちゃん」なんて呼ばれて。いい名前をいただいたと思っています。

> 色白だから〜

▶ リュージュの魅力の一つに、足が届けば誰でも乗れるというのがありますね。下はジュニアの大会から上はマスターズの大会まで。私も昨年までマスターズに出てたんですよ。競技者としては、2人の子供を生んだ時以外は

> おぉ——

1980年までずっとやっていました。

なにしろ競技人口が少ないでしょ？ せっかく若手が育っても、競い合う相手がいないといけないから。

コースの状態は毎回違います。まず滑ってみて、さぁ今日はどう滑ろうかと考える。それが楽しいですね。滑っている間は、スキーと同じように足の操作で微妙な体重移動をします。氷の中で「カタカタ」という音も楽しめます。

> やっぱり
> やってみたーい！

札幌市南区藤野にある「フッズスノーエリア」にはたくさんのスキーヤーが訪れますが、リュージュコースがあることを知らない人が多い。でも最近は体験教室に参加してくれる人も増えたし、私の母校でもある近くの藤野沢小学校では、3年生の時に全員がリュージュを体験して、実際その中からオリンピックに出場した選手がたくさんいます。

> 藤野っ子はみんな
> 経験者なんですね

▶ リュージュは道具が何もいりません。服装だけ整えてくれば、ヘルメットもソリも全部ここにあります。競技人口の多いスキーやスケートに比べ、リュージュ選手は本当に少ない。だからリュージュは、オリンピックにもっとも近い競技と言えます。

> はい！
> ココみんな注目!!

一生懸命やれば、オリンピックに出られます！ これ、本当よ！ 声を大にして言いたいですね。

<2015年1月6日◎第920回>

大雪が降る中、フッズスキー場へ。駐車場を越えてさらに上へ進むとリュージュのコースがありました。その美しさに見とれていると、りんごちゃんから「ぜひコースを作っている人も取材して！」とリクエストされ、後日2度目の取材に向かうことになりました。

札幌人図鑑 File No.020 竹田雄基さん リュージュコース作りの職人

とにかく真っ白じゃないと

　「フッズスノーエリア」のリュージュコースは今でも昔ながらの手作り。こんな作り方をしているのは、今や世界でもここだけだそうです。どのあたりが他と違うんだろう？職人さんに話を聞き、想像以上の製作工程に驚愕しました。

たけだ・ゆうき
1971年札幌市生まれ。タケダ緑創代表、札幌リュージュ連盟常務理事。2006年ごろからコースの造成と補修を手掛ける。理想のコースづくりのために工夫を凝らす日々。

▶ リュージュは小学校3年生からやっていました。家も近かったし、母親がリュージュコース造成のアルバイトをしていて親しみもあった。どちらかというとスポーツは苦手で、家の中にいるのが好きな子だったんですが、リュージュはスピードが魅力でしたね。人気のソリは早い者勝ちでね。肘あてをソリの先に引っ掛ければ、その日はそのソリに乗る権利を得られるわけです。

> やっぱり子供ルールがあるんですね

　だからもう、学校が終わったら一目散で雪山へ走りました。今はよく「雪育」なんて言っているけれど、僕が子供の頃は毎日ここに来るのが当たり前でしたね。

　仕事は自営で造園業をしています。冬の間は、時間をやりくりしてリュージュコースを作っています。

> なるほど！冬は融通がきく！

　社会人になって、一時リュージュから離れたこともありましたが、どんどん世代交代して競技人口も減っていく中、お世話になった先輩に声を掛けられ、また手伝い始めました。

▶ コースの作り方は、まず25センチ角の氷を1万6千個、

重さにして130トン——これ、普通に食べられる氷ですが、トラックで買いに行きます。

> ええーー!?

そして雪を水に浸した「雪しぶ」を作り、それを接着剤にしてコンクリートの壁に氷を貼り付けながら、手作業で600メートルのコースを造ります。

> えええーーー!?

まっすぐなところは糸を張ってまっすぐに並べ、カーブのところは氷をひし形にして、角度をつけて調整しながら上手に貼り付けていく。「雪しぶ」の厚さだって職人さんのカンが頼りです。それで仕上がりが大きく変わってきます。水をかけて角をならし、水が凍ると削って、ザラザラになったらまた削ります。

> 気が遠くなるなぁ

雪は真っ白なのを使うのがお約束。小石1つ、枯れ葉1枚混ざっていてもダメなんです。一点でも黒い部分があると、そこからどんどん解けていってしまう。

なので、除雪した雪が目の前に積んであっても、汚れがあればよそから白い雪を運びます。とにかく真っ白じゃないとダメです。

> 雪まつりの雪像も遠くからきれいな雪を運んでますね

12月に入ってだいたい1週間経つと雪が降るので、そのタイミングで作り始めて年内に完成します。でも最近は温暖化で、20日を過ぎても雪が降らない年があります。

長期予報はあてにならず、予定を立ててもその通りにはならない。

　通常は上から作っていくけれど、気温をみて下から作ってみたり。地域の石材屋さんも冬場の仕事として手伝ってくれて、雨が降っても崩れない作り方をしています。

> 職人さんの経験が頼りですね

▶ 今のコース作りは世界中どこへ行っても電気です。コンクリート製のコースに水をまき、スイッチをピッと入れると冷凍庫のフタを開けっぱなしにしたように凍る。だから、いつでも同じ形のコースができます。

　でもここは、札幌オリンピックの練習コースとして作られ、以来ずーっと同じ作り方が引き継がれています。昔と変わらず手作りで仕上げているのは、今や世界でもここだけ。完成すると、自分でもよくやったなと思います。

> 本当に力作！しかも美しい！

　観光客だけじゃなく、地元の方にももっとリュージュを楽しんでほしいです。

<2015年1月9日◎第923回>

氷の微妙な凹凸で滑る感触が大きく変わることは想像がつきますね。だからコースが完成した後も、メンテナンスに余念がないわけです。取材中、愛好者の方が「フッズを滑ればよそのコースは簡単」と笑っていたのも印象的でした。

札幌人図鑑 File No.021 林文浩さん 瓦職人

目の届かない仕事こそ自分に厳しく

はやし・ふみひろ
1960年厚岸町生まれ。株式会社梵陶石（ぼんとうせき）代表取締役。歴史的建造物や文化財の修復のほか、素材の年代考証などを通じて学術分野にも貢献する。

歴史ある建築物を、「生かして残す」より「壊して建て替える」方が得意といわれる札幌。それが最近、残す選択が増えてきたのは、工法技術の進歩も大きいと思います。「瓦屋根は本州のもの」と思い込んでいる札幌人も多いはず。札幌でご活躍の瓦職人に聞きました。

どんな所を手がけてきたの？

▶ 重要文化財の函館「太刀川家」や、2014年には小樽市総合博物館運河館の屋根改修工事も。技術的に難しいこの仕事を納めれば、自分も一回り大きくなれるんじゃないかというぐらい意気込んで仕事をしました。ぜひ訪ねてみてください。

あと、石屋製菓の白い恋人パークの「チュダーハウス」とか。あそこは洋風な感じでしょ？ 上の方にイギリスの瓦を使っています。それから北の京芦別（閉鎖）の五重塔とか、百合が原公園の中国庭園のモニュメント…あそこは中国瓦を使っていますね。瓦といってもいろいろあって、建築構造が違えば乗せ方も変わります。

古い建築の修復って大変そう…

昔の瓦をはがすと、下には土があります。屋根の上に土。…驚くでしょ？ 昔の瓦は粘土質の土を置いてグリグリッとなじませるんです。1枚1枚の形状が違うので、そうやってなじませる必要があった。でも今の瓦は、土を使う必要がないので、昔に比べると重量は半分以下です。さらに、昔は銅線でつないでぶらさげていましたが、今は1枚1

枚くぎで止める乾式工法に替わっています。昔の瓦は春先に凍害で割れて修復が必要でしたが、今の瓦は割れることはありませんので、毎年予算付けしないで済むんです。

> 行政も喜ぶ！

多くの人が、瓦は本州のもので、北海道では無理だと思われているかもしれませんが、こういった近代型の工法もできましたし、何より弊社は創業以来45年、北海道はなぜ瓦が傷むのか、凍害を起こさないためにはどうしたらいいのかというノウハウを身に付けてきました。

> 雪は大丈夫？

今の建築基準法で建てられた家であれば、雪下ろしをしなくてもそのままでOKです。壁はレンガやサイディングなどを選べるのに、「屋根はトタン」という固定概念を払拭してもらいたい。北海道では使えないという誤解されたイメージを変えていきたいと思っています。

> 美的感覚も必要なお仕事ですね

▶ 僕は若い頃、美術が大好きで、絵を描いて食べていけたらいいなと思っていました。でもそうはならず、画廊で展示要員をしたり、小さな広告代理店に勤めたりしていました。選挙カーの看板に候補者の似顔絵を描いたのは楽しかったなぁ。でも、自分の好きでもない作家の絵も、仕事だからと売らなければならなかったり…なんというか、ジレンマがありました。芸術といえどもただの商品だったわけで…あまりにピュアだったんでしょうか（笑）。

> ピュアでしたね笑

知らなかったワタシ

そんな時、家内と知り合いました。家内の実家が瓦職人だったんです。瓦にはもともと興味もありました。きれいだなぁと思って。ただ僕は、30歳の結婚を機にこの世界に入ったわけで。職人の世界なんて、若い頃から修業しないでできるんだろうか、大丈夫だろうかと、夜も眠れないほど考えましたが、一生懸命勉強して1年必死で頑張った結果、「自分にもできるかな」と思えたんです。

> 奥さんが大好きだったのねぇ〜♡

▶ 瓦職人って屋根の上の仕事ですよね。暑い日も寒い日もあるわけです。そして人の目の届かないところで仕事をします。だからこそ自分自身に厳しく、プライドがないとできない仕事です。言い換えれば、そうした意識がなければ手掛けてはいけない仕事です。

> 素晴らしいです！

残念ながらいま、瓦工事の数は少なくなっています。工事がなければ後継者も育ちません。それはイコール次世代への継承が絶たれることを意味します。私の若い頃は社寺関係もやっていましたし、本州へ仕事にも行きました。技術を得る機会はたくさんあったんです。

うちには本州の会社では得られない雪国ならではの技術とノウハウがあります。だから、古い建築物を解体する前に、瓦の存在を思い出してほしい。一般住宅にも気軽に取り入れてもらいたいと願っています。

＜2015年2月6日◎第951回＞

「誰も見ていないからこそ、プライドを持って仕事をする」。この言葉に胸打たれた取材でした。職人とはそういうものなのかもしれません。だからこそ憧れるし、技術の継承も大切だと感じました。誰も見ていなくても、お天道さんは見てますよね！ 屋根の上だから。

▶「福津さん、ラジオのネタに面白いですよ。つなぎましょうか?」

私がオフィスを構えるコワーキングスペース「ドリノキ」で店長をしている金山敏憲さん（第50回出演）は当時「トライ・ビー・サッポロ」という企画会社に勤めていて、いつも面白い話題を提供してくれていました。「北大の理系の先生の間ではすでに話題になってます。聞き手の男性がチャーミングだと、女性研究者には特に人気のようですよ」。これが、のちに私の師匠となる京都在住の「NIPIO」（ニピオ）こと西尾直樹さんとの出会いでした。

教えられたサイトの名前は「研究者図鑑」。1年365日毎日更新をうたい、日本全国の理系の研究者のお話を紹介していくインタビューサイト。冒頭では必ず「○○からお届け〜、研究者ずかん〜〜♪」とタイトルソングを2人で歌い、手書きのネームプレートを出し、スケッチブックに3つのキーワードを書いてお話を聞いていく。

フクツの人々 ②

師匠 NIPIOくんとの出会い

そう。「札幌人図鑑」はズバリ、この「研究者図鑑」に一目惚れして誕生しました。当時コミュニティーFMで、地域の子供からおじいちゃんおばあちゃんまで、入れ替わり立ち替わりスタジオへお迎えして話を伺っていた私は、一般の方の何気ないお話の中に、元気や勇気・明日を生きるヒントがたくさん詰まっていることを知っていました。

▶スケッチブックの3つのキーワードが完成しているということは、事前にしっかり打ち合せができていると分かります。このスタイルなら、話があっちこっちに飛んでもうまく戻せる、ゲストが一般の人でも安心しておしゃべりしていただけると感じました。

恥ずかしそうに歌うオープニングソングもラジオ番組のジングルのようで、「これから始まるよ〜」という合図になるし、雰囲気も和んでいい感じ。何より、これならお金をかけずに一人でできるという発見が私をワクワクさせました。私が勤めていたのは小さな放送局だったので、限られた予算の中、今ある機材で、今あるマンパワーで、どんな面白いことができるかをいつも考えてきたからです。

放送局長を兼務しながら15年目を迎えた冬、その年を節目にラジオから離れることを決意。研究者図鑑の西尾くんに会うため、京都へ飛びました。

　彼は、初対面の中年女（私）を優しく暖かく迎えてくれました。一緒に同志社大学のキャンパスを散歩し、チーズケーキのおいしい地元の人気店で一休みしながら、私は自分がこれまでやってきたこと、研究者図鑑をひと目見て気に入ったこと、その札幌版を制作したいと考えていることを機関銃のようにしゃべりまくりました。チーズケーキを頬張りながらにこにこ聞いていた西尾くんは、京都で自分がやってきたことを札幌のラジオパーソナリティーが見つけ、京都まで会いに来たことをとても喜び、これまでの経験を惜しみなく話してくれました。

▶師匠と言いつつ「くん」付けなのは、彼が私の一回り年下ということでご了承ください。ちなみに彼が自分をNIPIOと名乗っているのには理由があります。「ヒットの法則があるんですよ。パピプペポを付けると、親しみやすい・覚えやすいんです。ポッキー、プリッツ、パピコ…ほら、たくさんあるでしょう〜？」。…お菓子ばかりだなぁ。ちなみに同じ理由で「福津さんもプクツさんでいきましょう！　ほらかわいい！」と推されましたが、「福津という名前も札幌ではそこそこ浸透してきたので、このままでいい」とせっかくの師匠からの提案を拒否、今日に至っております。

　NIPIOくんは、当時勤務していた研究者支援組織の業務として「研究者図鑑」を制作。2006年12月から300日かけて300人のインタビューを配信しました。その後、対象を社会に対して主体的に活動している人たちに広げ、「地域公共人材図鑑」「ふくしま人図鑑」などさまざまな活動を展開してきました。（なんと2016年5月からは、北海道に移住し札幌市民に！）

　…あ。ここで一つ訂正があります！　NIPIOくんはこういうとき「インタビュー」という言葉を使いません。あくまで「聴き綴り」という表現にこだわっています。「聴き綴り」とは、傾聴によって相手のストーリー（人生や思い）を引き出してコンテンツに綴り発信する手法です。「社会問題に切り込む」に対し"人"を通じて社会を伝える」メディアと、「自分を伝える」に対し「相手を受け入れる」コミュニケーションを提唱したいという意図から生み出された言葉です。なので、ここまでの「インタビュー」をすべて「聴き綴り」に変換してもう一度最初から読んでね。えへへ。

2章 なりたかったワタシ

- 022 **中島宏章**さん(動物写真家)
- 023 **深田健一**さん(キリギリスの初鳴き日と稲作の作況指数の関係を調べる)
- 024 **大橋弘一**さん(野鳥写真家、自然雑誌「faura」編集長)
- 025 **川渕幸江**さん(錦水流水引第三代宗家)
- 026 **端 聡**さん(美術家・アートディレクター、CAI現代芸術研究所代表)
- 027 **嬉野夕起子**さん(日本一バイクツーリングにハマっている主婦)
- 028 **東野早奈絵**さん(北の紙工房「紙びより」)
- 029 **竹島悟史**さん(「ハサミヤサンドイッチ」店主) あるあるw
- 030 **久津知子**さん(将棋の普及に力を尽くす女流棋士)
- 031 **石塚裕也**さん(「サイクリングフロンティア北海道」代表)
- 032 **髙室典子**さん(「助産院エ・ク・ボ」院長)
- 033 **木原くみこ**さん(地域FM「三角山放送局」を運営する「株式会社らむれす」取締役)
- 034 **武石伸也**さん(鈴鹿8耐ライダー)
- 035 **綴家段落**さん(素人噺家)
- 036 **大西希**さん(鶴雅ホールディングス取締役)
- 037 **クレイン中條**さん(北都プロレス代表・レフェリー)
- 038 **大城和恵**さん(医学博士・国際山岳医)
- 039 **髙室仁見**さん(豪華客船で世界を旅した鍼灸師) すごい!
- 040 **富山睦浩**さん(サツドラホールディングス代表取締役会長)
- 041 **長沼昭夫**さん(洋菓子の「きのとや」代表取締役会長)
- 042 **大森由美子**さん(日本茶専門店「大森園」代表取締役)
- 043 **沢田愛里**さん(デュアスロン・トライアスロン選手)
- 044 **八戸耀生**さん(気球で世界の空を飛ぶ写真家)
- 045 **高田元気**さん(体操教室としいたけの販売を手掛ける) ですよね ですよね。
- 046 **遠藤香織**さん(ママで医者で研究員)

札幌人図鑑 File No.022 — 中島宏章さん 動物写真家

誰もやっていない事こそ面白い

なかじま・ひろあき
1976年札幌市生まれ。2010年、自然写真の登竜門とされる「田淵行男賞」を受賞。著書に『BAT TRIP〜ぼくはコウモリ』（北海道新聞社）ほか。

なりたかったワタシ

北海道の自然雑誌で見つけた一枚の写真。高層ビルの狭間に浮かぶシルエットは、絵に描いたコウモリそのもの。撮影場所は北大植物園近くと聞いて驚いた。そもそも札幌にコウモリっているの？　コウモリって洞窟にぶら下がっているんじゃなかったっけ？

コウモリ好きになったきっかけは？

▶ 子供の頃から野鳥などの動物が大好きです。20歳になるまで、動物の知識なら誰にも負けない「動物博士」を自任していました。そんな僕が、面白くて夢中になったのがコウモリ。動物を捕獲して研究することが目的の大学関係者と一緒に調査をする中で出合いました。コウモリって言われても、普通あまりイメージがわかないでしょ？　洞窟に大量にぶら下がって、怖いような、気持ち悪いようなイメージがほとんどじゃないかなぁ。

テレビで見るのはそうですね

ところが僕の出合ったコウモリはこんなに（本を見せて）ちっちゃいんです。僕の指に止まってるコウモリ。なんだか罪のなーい…かよわーい動物なんだなって驚いちゃった。

え!? これ…コウモリですか!?

それからは新発見の連続でした。動物の写真を撮るには、撮影の技術はもちろんですが、生態をよく知らなければなりません。だけど、コウモリは撮影のために必要な情報が少なくて本当に苦労しました。このマチにはどんなコウモリが何種類いるのかというところから、全部一から自

分で調べていくという感じでしたね。

コウモリを撮影する時に使う強力な武器がこれ！「バットディテクター」（コウモリ探知機）です。コウモリが飛行する時に発する人間には聞こえない超音波をキャッチします。

> 小型ラジオかと思った

これをこうやって…空にかざしながらコウモリを探すんですよ。でもね、僕の渾身の作品を見てください。飛んでるんじゃなくて、雪の中で丸くなって寝ているコウモリです。

> かわいい♡
> かわいい♡

穴の大きさは（指で丸を作って）これくらいしかない。コウモリにはこういう習性があると知って、ぜひ写真に収めたいと思ったんですが、何しろ確認例が少なすぎる。「ただ雪の中に寝ていて、死んでるんじゃなくて生きていて…という例があるよね」というぐらい。

キーワードは雪。とにかくあてもなく、雪の山をひたすら歩くわけです。小さな穴を見つけては上からのぞいてみる、その繰り返し。さっきの秘密兵器は使えません。寝ているからね。

> あらー。…ではどうするの⁉

何の手がかりもなくただ歩き続けていると途方にくれてきます。すると「いったい俺は何をやってるんだろう」と思うわけです。いろんなものを犠牲にして探して、これを撮ったからといって商業的成功を収めるわけでもない、誰かが認めてくれるわけでもない。「撮れたところでどうすんだ？」って。歩きながらそんなことを考えてる。

> ネガティブなことしか浮かびませんね

▶結局この写真は3年越しで撮影できました。全国で8例目といわれる「雪の穴で眠るコウモリ」。場所は札幌の手稲山です。見つけた時は涙が出ましたね。それまでにそんな経験はなかったです。

> よかった！
> よかったですねぇ！

雪の穴に眠るコウモリを探して見つけた人なんて誰もいないんです。僕だって、この1回だけ。すごく遠回りで難しいことだったけど、今はその難しさをありがたいと思って

> そうなのかもしれない…

います。誰もやっていないことを成し遂げる。その業界の第一人者を目指すなら当然のことだと思うんです。「そんなのダメだ」とみんなから言われるくらいの「一見、遠回り」なことこそ、一番の近道なんじゃないかって。

こうして撮ったコウモリの写真で、憧れの「田淵行男賞」を受賞しました。北海道にはいないといわれていた「ドーベントンコウモリ」を札幌市北区の茨戸川(ばらと)で撮影した写真のほか20枚の組み写真です。

> どれもすごい！

それまでお世話になっていた人から「田淵行男賞を受賞した中島宏章ではなく、あの中島宏章が受賞した田淵行男賞と言われるように今後も頑張って」と言われた時は感動しましたね。「これからもがんばろう！」と力が湧いてきました。

> 由緒ある賞なんですね

▶ 僕の戦いの半分は「見つける」こと。受賞がゴールではなく、その後の活動が大切なんだということもあらためて感じましたね。

とにかくコウモリはかわいい。コウモリは面白い。コウモリは知的探究心を満たしてくれる。僕の写真人生において、コウモリは旅先案内人のような感じです。でもちょっと意地悪なの。その道も険しいの。

> うふふふ

それでも、こんな怠け者の僕を夢中にさせる魅力ある存在です。出合えてよかった。コウモリに感謝！

＜2012年5月8日◎第8回＞

中島さんの指先にぶら下がるコウモリの写真はハムスターのようなかわいらしさ。ドラキュラの子分（？）とは思えないビジュアルと、札幌にもたくさんすんでいるという事実にただただ驚きました。円山動物園では頻繁に観測会も行われています。興味のある方はぜひ参加してみてね。

札幌人図鑑 File No.023 深田健一さん

キリギリスの初鳴き日と稲作の作況指数の関係を調べる

33年間、1日も欠かさず調査

ふかだ・けんいち
1933年北海道栗沢町生まれ。岩見沢東高卒業後、住友石炭入社。俳句雑誌「ホトトギス」同人。

なりたかったワタシ

　札幌人図鑑のスタートを知らせる2012年5月1日の「北海道新聞」の記事を見て、「僕も取材して」と新聞社に直接連絡をいただきました。こうして取材が実現したのは、実は千人中この方だけ。30数年間、独力で調べたのは「キリギリスの初鳴き」。え？　カッコウじゃないの？

▶ 子どもの頃からキリギリスが大好きで、夏になれば学校から帰るなりカバンなんかブン投げて、毎日夢中になって捕っていたもんです。よく晴れた日の朝10時から昼までが勝負。近所の人から「キリギリス少年」と呼ばれてました。

　当時は今みたいな虫カゴなんてないから、穴があいて壊れた番傘を使って虫カゴを手作り。で、キリギリスを捕まえては軒下にたくさんカゴを吊るすでしょ。すると夜になって一斉に鳴き出す。数が数ですからねぇ、うるさくてうるさくて。おまけにみんな逃げ出すの。もう、大脱走！　近所から苦情がきたこともあったなぁ（笑）。

　大人になっても草花や虫が好きですね。愛好会をつくって楽しんだり、「一灯」という俳号で俳句を嗜んだりしていました。

　もう35年も前の話ですが、当時サラリーマンだったんで、営業車であちこち走ってたんですね。冷房なんてないから、窓を開けて走る。虫や鳥の鳴き声もよく聞こえてきます。

なぜ「キリギリス」なんですか？

キャーーー!!

するとある時、キリギリスが鳴き始めるのは毎年7月24日頃だと気付きました。この日は「今日から子供たちが夏休みだなぁ」っていう日なので覚えが良かった。

その後、秋の季語である「キリギリス」と「稲の穂」を使った句を手帳に記すうち、時期が一致することに気がつきまして。それで観測を思い立ったわけです。

> 確かに覚えやすい

▶ 僕の家は大きかったので、よく本州から遊びにくる学生ライダーを泊めてやっていました。昔はうちの方じゃ、人間よりクマのほうが多かったもんだから、「人間が来たら泊めてやれ」って親から言われて育ったので自然に。「人を見たら泥棒と思え」ってのは一番嫌いな言葉だな。

> ステキな親御さん♪

で、いつものように泊めてやった学生ライダーに「キリギリスの初鳴きを観測したい」と話したら「表にまとめるといい」って教えてくれたんです。そこで大きな方眼紙に表を作って調査を始めました。時期になると有休を取ってキリギリスの声を観測。場所は岩見沢市栗沢町の美流渡(みると)から山に入り、幌向(ほろむい)ダムへ行く途中の南斜面。ここはたくさん鳴くんです。前日まで1匹も鳴いていないのに、その日になると20〜30匹いっぺんに鳴く。そりゃあ見事なもんです。

> そんなにはっきり分かるんですか!?

都合のつかない日は家族や学生の手を借りて、1日も欠かさず調査しました。初めて連れて行った学生もびっくりするほど初鳴きのタイミングははっきり分かる。その結果、キリギリスの初鳴きの日と、道の農政部が発表する水稲の作況指数がほぼ一致したんです。

その後も毎年調査を重ね、初鳴きの基準日を「7月24日」と定めました。その日より2〜3日のずれなら平年並みだけど、あまり早いと雨が少なく不作。タマネギや豆もよくないです。遅ければ不稔粒が多くなり不作。調査の結果、こんなことが分かるようになったんです。羽をこすってなく

虫は、雨の日はあまり鳴かないからじゃないかなぁ。

▶ 以前新聞で、北大近くの自然関係の会社が「カッコウの初鳴き前線を作るから、道民の皆さん調査に協力を」と新聞やラジオを通じて呼びかけていました。私も応募したんだけど、ついでに「カッコウなんかよりキリギリスがいいよ」と言ってやったの。そしたら「虫は誰もやってないから、深田さんがやってくれないか」って頼まれて。

そんなこんなで、僕が調査を始めて33年になりました。カッコウの初鳴きよりキリギリスの初鳴きのほうが、よっぽど役に立つと思うんだけどなぁ。

ここで2011年の東日本大震災後に詠んだ一句を。
つつがなき　大地に鳴けり　きりぎりす　　　一灯

<2012年5月11日◎第11回>

> シンプルで分かりやすい！
> 役に立つ！

> 私も
> そう思います！笑

なりたかったワタシ

実は、「キリギリスの初鳴き」と聞くだけで珍しく、面白そうと取材に行きました。ところがお会いしてみると、一つの仮説を証明するためにコツコツと調査を続ける立派な研究者でした。知的好奇心は、いくつになっても人をアクティブにしますね。

| 札幌人図鑑 File No.024 | 大橋弘一さん　野鳥写真家、自然雑誌「faura」編集長 |

何かやらずにはいられなかった

おおはし・こういち
1954年東京都生まれ。2000年に写真事務所「有限会社ナチュラリー」を設立。03年に「faura」を創刊し、編集長を務める。近刊に『日本の美しい色の鳥』。

デビュー写真集『鳥鳴山河』を見て感動、すぐにラジオ番組にお招きし、以来10年にわたりレギュラー出演していただきました。その間、北海道発の自然雑誌「faura」を創刊。21年のサラリーマン生活を経て45歳でフリーの野鳥写真家の道を選んだその人の雑誌発行への思いとは。

なりたかったワタシ

東京出身の大橋さんが一番好きな北海道の野鳥は?

▶ 本州の野鳥好きにとって、北海道といえばシマアオジとコアカゲラでしょう!　これは僕だけじゃないと思います。憧れというか、北海道に来る目的はほぼこれと言っていいくらい。

夏に見られる草原の野鳥というのもポイントです。例えば6月、勇払原野にたたずんでいると、暑くもなく寒くもない気候の中、そよ風にのってシマアオジのさえずりが聞こえてくるわけです。ヒヨヒヨヒ〜リ〜ってね。野鳥は縄張りを主張するために鳴いているので威嚇の気持ちもあるはずなのに、なんとも平和的な美しいさえずり。北海道では普通に見られる野鳥なのですが、本州にはいない。これこそ「まさに北海道!」なんです。

鳥、撮り放題ですね! 笑

▶ それが90年頃から、鳥好きの間で「シマアオジが減っている」と噂になった。僕も99年頃には「あれ?　確かに少なくなった」と感じるようになっていました。なにしろ普通にたくさんいた鳥だったのに激減し、2000年を過ぎた頃、国は慌てて絶滅危惧種最高ランクの1A類に登録

した。こんなに短い間にこれだけいなくなるなんて、初めてのことだと思います。あのトキだって、こんな急激な減り方じゃなかった。

> なぜそんなに減っちゃったの?

　鳥は移動する生き物であることをよく考えなくちゃいけない。北海道はシマアオジの繁殖地ですが、その後中国大陸に渡って南下し、東南アジアで越冬します。いまは東南アジアの開発が進んで、草原環境に影響が出たという人がいます。

　でも、僕の調べたところ、それだけではなさそう。実は中国古来の食文化として、毎年秋にたくさん渡ってくるシマアオジを捕まえて食べる習慣があるそうです。それで「シマアオジ・グルメ祭り」なんてツアーを作って商業的にやり始めた。これが結構人気で、1日に何万羽も捕まえては焼き鳥にして食べていたというんです。このグルメ祭りは、さすがに中国当局が規制したためか、今はもうやらなくなったそうですが、イベントを始めた頃とシマアオジの数が激減した時期が重なるので、僕は影響があったと見ています。

> ショーゲキ!

▶ 本州の野鳥愛好家には憧れで、北海道にしかいない野鳥なのに、「シマアオジ」というと「シマお味?」と聞き返されたことも（笑）。それくらい道産子には知られていません。一般の認知度の低さと、われわれ鳥好きがこの鳥に寄せる思い。そのギャップに驚くとともに、「北海道の人間がこれを守らずして誰が守るんだ!?」という思いに駆られるのです。

> シマアオジ…覚えました!

　「faura」の第4号でシマアオジの特集を組んだ時は、「ヒグマ、流氷、森と来て、次は何かなと思っていたらシマアオジとは……」と、自然業界の人からずいぶん驚きの声が届きました。北海道の自然をよく知っている人ですら、鳥好きじゃなければシマアオジはマニアックだと思われて

しまう。シマフクロウを知っていてもシマアオジは知らない。そんな状況に一石を投じたかった。微力でも、何かやらずにはいられなかったんです。国際的に連携しないと守っていけないので難しいけれど、「faura」を通してシマアオジをもっと知ってもらいたい、少しでも保全につながってほしいと願っています。

> 自然業界といってもさまざまなんですね

　鳥は鳥だけで生きているわけじゃない。他の生き物があってこそ。そのつながりを意識するようになって、自分の撮る作品も変わってきました。鳥だけじゃなく、かけがえのない北海道の自然全般をできるだけ深く知る必要がある。だからfauraでは、さまざまな自然を撮るプロの写真家たちが「北海道」という大テーマのもと自信作を提供し合い、力を合わせて自然を表現しているんですよ。

<2012年6月8日◎第39回>

> 全国的に自然雑誌が減少している中、編集長という立場で発行し続けるためには、夢だけではない強い使命感がないと立ち向かえないことがよく伝わってきました。だからこそ北海道の自然に詳しい人も満足、そうじゃない人も楽しく読める美しいデザインにする。そのこだわりにも納得でした。

札幌人図鑑 File No.025 川渕幸江さん 錦水流水引第三代宗家

守るために変わる

かわぶち・ゆきえ
1956年室蘭市生まれ。北海道で唯一の水引の流派「錦水流水引」の三代目宗家。2009年、眞禮齋松玉園を襲名した。

普段は和の文化に触れる機会が少ない人でも、古式ゆかしき日本の伝統美に触れるのは心地よいものですよね。ご祝儀袋の鶴と亀だけじゃない水引の魅力を広めるために、豊かな色数を生かした新しい取り組みを始めた水引の家元、川渕さんに聞きました。

▶ 天皇家の料理番をされていた方とのご縁から、初代家元となったのは私の祖父でした。2代目を引き継いだ母は、水引の伝統的な手法を使って、ホテルの豪華な会場にも映えるような大きな作品をたくさん製作しました。それこそ寝る間も惜しんで年月をかけ、大きな鳳凰や花などの豪華な作品をつくり、宗家を54年間ずっと守ってきたんです。

> 北海道で唯一の家元なんですね

私も3代目を継ぐべく母を手伝ってきましたが、私は水引を特別なものではなく、もっと生活に根差した身近な存在にしたかった。そこで水引を使って、四季折々に楽しめるテーブルウエアや額を作り始めました。

> 私、鳳凰が好きです！

水引の教室では季節の話を紹介しています。「行事の謂(いわ)れ」というと硬く感じるかもしれませんが、一つ一つの理由が分かると楽しみ方も広がります。

お節句には必ずおせち料理を食べますね。「海老のように腰が曲がるまで」とか、「喜ぶで昆布」「鯛でめでたい」とか…オヤジギャグみたいですが、そんな謂れを話題にしながらいただくのが楽しいところです。

> 豆豆しく〜とか
> 伊達巻き…
> なんだっけ？笑

おせち料理はお正月だけではありません。ひな祭りでハマグリのお吸い物や菜の花をいただくのもおせち料理。端午の節句にすくすく伸びるタケノコや、勢いよく泳ぐカツオを食べるのもそう。旬のものを神様に感謝していただくおせち料理で、美しい日本の四季を楽しんでほしい。そんな時、水引はとても役に立つんです。

> ほぉ。
> 知りませんでした

テーブルにある飾りものをトーキンググッズといいますね。置いたり飾ったりした時の気持ちが話すきっかけになる。例えば七夕のおせち料理としてお素麺を食べる時、水引をテーブルに置いてみるのはどうでしょう。水引を結べるといいけれど、天の川にみたてて並べるだけで美しくて楽しいし、話のきっかけにもなります。

水引は和紙に絹糸を巻いたもの。だから触っただけで和む落ちつく素材です。しかも、和紙は繊維が長いので丈夫です。美しい国産の本物の水引素材を残したいと願っています。

> 普段使いも
> したくなります！

伝統的なもの以外にテーブルウエアを作るようになって、お客様から「ステキですね。おいくらなんですか？」と聞かれることが増えました。高価で手が届かず見ているだけの芸術作品ではなく、気軽に手に入れ、生活の中で楽しめるものと感じてくださった。私にはそれがとてもうれしいです。

▶ 伝統を守って仕事をする人はみなさんおっしゃるんですが、昔のままを守るだけでは衰退の一途。変わっていく部分もないと、守ることにはならない。

フェラーリの工業デザインをされたケン・オクヤマさんをご存知でしょうか。彼は帰国した際、地元の山形へ帰り、衰退していた地場産業である鉄瓶をデザインの力で復活させました。鉄瓶でお湯を沸かしてお茶を飲むとおいしいことは知っているのに、重いとかデザインが悪いとかで売

れなくなっていたのを、元々の機能性はなくさずにスタイリッシュに提案した。

　すると海外では、この鉄瓶で沸かしたお湯でお茶を飲むのがステータスになった。私はこの話にとても共感しました。フェラーリは買えないけど、彼がデザインするメガネを買っちゃったぐらい（笑）。水引にもそういう道があるんだと思って心の励みにしています。本来の魅力を失わず、みんなに欲しいと思ってもらえるような水引の形を、3代目として探しているんです。

▶3代目を継いだ時、周りの人からは「すごいねぇ」「偉いねぇ」とよく言われました。でも、なぜかうれしさよりも寂しい気持ちになったんです。きっと、「大変だろうに、すごいねぇ…私はやらないけどね」って聞こえていたのかもしれません。

　でも今は、「ステキねぇ」と水引そのものを見てもらえるようになった。そのことがとってもうれしいです。

<2012年12月23日◎第237回>

> さすが！
> 世界を知る人は
> そうこなくっちゃ！

> うんうん！
> 激しく共感！

札幌人図鑑も「すごいねぇ」「偉いねぇ」って、ずっとずーっと言われてきました。そして私もなんとなくうれしくなかった。きっと川渕さんと同じ理由だったんだと思います。現在川渕さんは、「むすびめーる」による文化リレーと、和装にも洋装にも似合う「かんざし」製作に力を入れて活動中です。

札幌人図鑑 File No.026

端 聡さん
美術家・アートディレクター、CAI現代芸術研究所代表

ドイツ流・アートなまちづくり

はた・さとし
1960年岩見沢市生まれ。ブダペスト国際彫刻絵画ビエンナーレ'96で美術教育文化財団賞受賞。札幌国際芸術祭2014では地域ディレクターを務めた。

教育、福祉、まちづくり……。地域のさまざまな問題に向き合うとき、アートは欠かせないコンテンツになりました。地下鉄大通駅直結でありながらアングラ感満載の現代アートギャラリー「CAI02」は、企画展示のほか、交流の場としてのカフェも併設。代表の端さんに聞きました。

物心ついたら絵筆を握ってた!?

▶ 実家は看板屋でした。映画看板全盛期で、とにかく毎日忙しかった。親父がいて弟子もいっぱいいてフル回転。当然、自分も手伝わなきゃいけない。ペンキのベタ塗りから始まり、小学校に上がる頃には字も絵も描くようになっていました。作文に「将来は芸術家になる」と書くくらい絵を描くことが好きでしたね。

中学では、美術の先生から「じゃ、頼むよ」と言われ、クラスメートに教えていました。でも部活は中学高校とサッカー部。走るのが速かったし、中学では全道大会へも行きました。おかげで上下関係とか言葉づかいには結構厳しいです。

絵を描いて食べて行きたかったけど、なかなかそうもいかない。それで自動車会社に就職しました。広告・宣伝の部署でしたが、車がすごく売れた時代だから、ショールームなんか毎月模様替えしちゃうんですよ。それで会場に森の絵を描いたり湖の絵を描いたりしてね。

そんなことまで自前で!?

そこに高級車が並ぶわけですよね。レイアウトとかポス

ターなんかも描いていて、サラリーマンながら特殊な仕事だったんで、給料はよかったです。会社で売ってる中で一番高級なスポーツカーに乗ってましたね。

> いいなぁ〜

▶ 会社に勤めながら現代アートの作品制作もしていました。ある日、個展会場に評論家が来て「端君の作品はドイツに雰囲気が合うんじゃないか」って言うんです。「ドイツには DAAD（ドイツ学術交流会）という世界中から若手作家を招聘する制度があるから申し込んでみたら?」と。

> 謎の評論家登場。

それでポートフォリオ（作品資料）を送ってみたら書類審査で合格したんです。世界 400 人中、合格は 8 人だけと聞いていたので無理だと思ってたんですが。

それからは悩みましたね。期間が 1 年間なので、会社をやめて行かなくちゃいけない。それでも、自分の感性を本場ドイツで試してみたかった。それで車も何もかも、ぜーんぶ売り払って行くことにしたんです。1995 年のことです。

> やっぱり行くよね〜!

ドイツでは、鑑賞型じゃない異次元の世界を味わいました。ヨーゼフ・ボイスという伝説のアーティストがいて、「社会彫刻」という概念を編み出していた。そこで行われたさまざまな国際展や芸術祭を間近で体験しちゃったんです。それは鑑賞型の作品ではなく、政治・教育・経済、ありとあらゆる社会のシステムの中で想像力を働かせて、革新・リノベーションしていこうというもの。作品と見る側の中間に、本当の意味での芸術性があるんだという考え方です。

> かっこいいーー!

僕も影響を受け、だんだん自己完結できない作風に変わってきました。それがやがてグループ展やギャラリー開設につながっていって……。

▶ それまで、札幌には現代アートを表現する場がほとんどなかったんです。ドイツにならって、札幌でも私塾という形で現代アートを教え始めました。10 〜 20 人という少ない人数で、ワークショップやレクチャーをやっています。

なりたかったワタシ

> やっぱり鑑賞型じゃない…

異文化との摩擦がなければ新しい文化は生まれない。そのことをドイツで教わったので、アーティスト・イン・レジデンス（芸術家が現地に滞在して創作活動を行う仕組み）が必要だということで、96年に友人と3人で文部省に申請し、札幌に初めてそのシステムをつくりました。

> 「NPO S-AIR」ですね

そういうシステムを作っていくことが、社会彫刻なんだと思います。札幌の行政や経済界も少しずつ変わってきていて、例えば大通駅地下通路の「500メートル美術館」のように、公共空間で現代アートを自由に見られるようなスペースができました。

> 影響を受けた若者も多い

アートを通じたクリエイティブなインフラ整備という手法も浸透してきたし、札幌国際芸術祭もある。札幌を舞台にした社会彫刻がどこまで広がるか、今からワクワクしているんです。

<2013年1月31日◎第276回>

CAIスクールに仲良しの友人が通っています。美術経験は皆無（きむ）ながら毎回嬉々として通う姿を見て、アートはいくつになっても学べるんだとうらやましくなります。そして「社会彫刻」の概念を知り、チャンスはみんなに開かれているんだと、うれしい気持ちになりました。

| 札幌人図鑑 File No.027 | 嬉野夕起子さん | 日本一バイクツーリングにハマっている主婦 |

バイクで日本一周なんて

「生まれた時から体が弱く、いじめられっ子だった」という嬉野さんにとって、旅に出ることは自然の流れだった。20歳の時に免許を取り、好きな時に好きな場所へ連れて行ってくれる道具を手に入れた時、「ここではないどこかに自分の居場所があるはず」と喜びに胸が震えた。

うれしの・ゆきこ
1965年東京都出身。日本中を旅しているうちに北海道に憧れ、現在HTB「水曜どうでしょう」の名物ディレクターの夫を説得して95年に札幌へ移住。

バイクで日本一周がしたかった?

▶ 免許を取得して2週間後、すぐに日本一周の旅に出ました。実は自分でも、日本一周なんて、正直できるとは思っていなかった。なぜなら所持金が3万3千円しかなかったから。ところが、行く先々でうまい具合にバイトを見つけ、稼いでは次の土地へを繰り返し、1年がかりで日本一周を達成。東京へ帰った時は、なぜか所持金は26万円になっていました。

なかなかの武勇伝。ピンチもあった?

東京からスタートして西へ向かい、九州に着いた時には所持金が200円でした。でもこの200円も、いざという時の実家への電話代だから使わないと決めていたんです。3日間食べるものがなく、お腹が空きすぎて海辺でヒトデを焼いて食べたことも。

ガソリンもなくなったので、バイクを押して温泉街へ。「とにかく働かせて」と頼み込んで旅館の「お運び」をさせてもらいました。そしたら今度はスナックの掃除を頼まれて。台風で窓ガラスが割れ、店内がぐちゃぐちゃになっていたんです。きれいに掃除をすると、ここのスナックやっ

なりたかったワタシ

20歳の女の子がスナック!?

てみないかと。売り上げはあげるからって。

当然お酒も飲めないし、水割りの作り方も知らなかったけど、お客さんに教えてもらいながら、まぁやってみようかなと。年末だったのでお客さんもそこそこ入るわけですよ。

15日間働いて、結構稼げましたね。やっとガソリンを入れ、フェリーに乗って沖縄へ向かいました。沖縄が一番長かったかな。結局6カ月滞在しました。

その後、北海道の雪解けを狙って北上。そして6月には北海道初上陸！　うれしかったけど、寒かったなぁ。日本一周はもう30回以上やっています。

一番印象に残る風景は?

▶ 新婚旅行で夫と一緒に見た風景かなぁ。彼は夕日に輝く稲穂とか、潮風に吹かれながら走る海岸線とか、普通の風景にとても感動していました。

夫とは電撃結婚だったんですが、結婚前に私の旅先での写真を見て「これはどこ?」「どんな所だった?」と興味津々。新婚旅行はバイクで日本一周がしたいと言い出しました。実は夫はバイクの免許を持っていないので「これから取るの?」と聞くと、「後ろに乗る」と。私もタンデム（2人乗り）は初めてで、最初は慣れずに大変でしたが、2人でキャンプしながら見た風景は忘れられない。今でも夫を後ろに乗せてバイクの旅を楽しんでいますよ。ま、基本

一人で行きますけど（笑）。

▶ バイクで旅をすると、行く先々で友達ができます。私がSNSで立ち上げたコミュニティーのメンバーは1万5千人を超えます。ネットで行き先を告知して、オフ会もしょっちゅう。みんなでキャンプして温泉に入って、お酒を飲みながら語り合う。今では自宅に泊まり合うくらい仲良くなった人もいます。

バイクじゃないと行けない秘境や秘湯、無料で泊まれるキャンプ場にも詳しくなりました。海外へも行きます。ウェブに書いていたらリアクションが大きく、今はライダー向け雑誌にも情報を提供しています。

バイクの旅は楽しくてやめられない。バイクのない人生なんて考えられないですね。

<2013年4月3日◎第338回>

> バイク仲間は熱いと聞きます

> 道内ですら行ったことのない場所がたくさんあります。恥ずかしながら、知床へ行ったのも最近だし、利尻や奥尻も未だ憧れの地。これって結構「札幌あるある」だと思うのですが、どうでしょう。嬉野さんの「旅アルバム」を眺めながら、日本にはこんなに魅力的な風景があるのかと、ため息が出ます。

札幌人図鑑 File No.028 | 東野早奈絵さん 北の紙工房「紙びより」

トラックで フェリーに乗って

とうの・さなえ
札幌市生まれ。福井県で5年間修業後、札幌で「北の紙工房 紙びより」を開く。北海道らしいデザイン、素材による4作品が札幌スタイルに認証されている。

北海道では珍しい和紙作家・和紙職人。雪上の足跡をデザインしたはがき「ゆきふみ」や、ラベンダーやトウキビを漉き込んだ手漉き和紙が人気で、「札幌スタイル」の認証も受けています。厚別区にある一軒家の工房へお邪魔して話を聞きました。

アート性の高い作品が多いですね

▶ この仕事をする前は美術教師をしていました。教えるのは楽しかったんですが、私はもともと雑貨好きで。教師を6年で辞め、東京の雑貨屋さんで働き始めました。店長とかしてたんですよ。するとだんだん、メーカーから仕入れて売るだけじゃなくて、自分で作品を作りたくなってきました。

クリエイティブな仕事がしたかった

物作りは子供の頃から大好きだったんです。それで自分が作るなら何がいいだろうと考えて、絵を描く時も何か作る時もいつも身近にあった「紙」が作れるといいなと思い、福井県の工房へ修業に行きました。

「修業」って、なんとなくおじいさんの弟子になって、毎日黙々と作り続けるというイメージしかなかったんですけど、実際は、一日中紙を漉く人、繊維に付着した外皮などのチリを取り除く「ちりより」をする人、板に貼り付けて乾燥させる人などすべて分業になっていて。福井は大きな産地だったので、その分いろいろな勉強をさせてもらいました。修業中も、オフの時間を使ってオリジナルの和紙作品を

作っては近くのお店で販売するということもやっていましたね。

　1500年の歴史のある産地で、始めて間もない私が作品作りをするってどうかなって最初は思ったんですが、先輩から「伝統というのはただ守るだけじゃない、変わっていっていいものなんだから」って言っていただいて。若い人がかわいいと手に取ってみたら和紙だった、そんな作品を作りたいと思って頑張っていました。

▶ 当初は骨をうずめる覚悟でやっていたのですが、家族の一人が病気になったのをきっかけに、故郷札幌に戻ることにしました。

　福井に移り住んで5年目でした。何かあってもすぐに駆けつけられなかったことで、それまで感じていなかった距離を急に感じるようになったんです。いろいろ考えるところもあり、北海道で工房を作ってみようと思い立ちました。

　産地から出ることに不安はありましたが、事情を話したら、応援していただける職人さんが、自分で作った道具や使っていない道具を譲ってくれました。いろんな気遣いがうれしくて、胸がいっぱいになりましたね。

　朝からいろんな工房を回って、道具を受け取ってはトラックに積み……。新しく買い求めたものもありますが、道具はほとんど福井からフェリーで運んできたんです。これまでお世話になった方々の顔が浮かび、重責と新しい場所への不安で、フェリーの中では泣き通しでした。

▶ 和紙の原料となる植物は温かい地域で育つものが多いため、主な原料は本州などから取り寄せています。でも、せっかく札幌を拠点に活動しているので、いつかは北海道に自生している木や皮を使ってみたいと思っていました。

　するとある時、大通りのチカホのイベントで、昔からアイヌの方の着物の材料は「オヒョウニレ」という木の皮で、

> おおー、その当時から…

なりたかった ワタシ

> 家族のことって転機になりますね

> 早奈絵さんの人柄ですよぉー

> たった一人で…よく頑張ったね…

それを剥ぎ、煮詰めて繊維状に加工して着物にしていたという話を聞きました。展示されている「オヒョウニレ」の皮を触ってみると、いま私が使っている楮という木の繊維にとてもよく似ていたんです！

ほぉ…

　「これなら使えるんじゃないの？」と思って、アイヌの方に同行してオヒョウニレの生えている森へ行き、一緒に皮を剥いできました！（バケツを見せて）ほらー、こんなにいっぱいわけてもらって。これを叩いてほぐして、煮詰めて繊維にします。ほのかに甘いいい匂いがするでしょ？

わぁー、いい匂い

　アイヌの人も、布は織っていたけど紙は作ったことがないと言っていました。うまくいったら「蝦夷和紙プロジェクト」として作品を作ろうと思っています。いい紙ができるといいな。

すごいすごい！

　最近は和紙をつくるワークショップも好評なんですよ。水の中で繊維が泳いでいる時はポヤポヤの雲のような状態で、漉いたら湯葉のようになり、乾燥するとパリッと和紙の姿に。作る工程にいろんな表情があって楽しい。和紙づくりはそこが魅力的なんです。

<2013年7月10日◎第405回>

　取材した日は札幌では珍しくとても暑い日で、窓全開のショップで収録しました。すぐ隣の工房には大きなユニットバスのような道具があり、そこで紙を漉く動きをやって見せてくれましたが、なかなかの重労働。蝦夷和紙で作った作品を、福井の皆さんに早くお見せしたいですね。

札幌人図鑑 File No.029 竹島悟史さん 「ハサミヤサンドイッチ」店主

とにかくアメリカに憧れていた

中島公園のほど近く、チョーク看板が目を引く路面店のサンドイッチ屋さん。オリジナルだという帽子もお似合いのお洒落なご夫婦が店をオープンするきっかけは、愛娘の高校合格だったというからビックリ！ 看板メニューのBLTを頬張りながら取材をスタート。

たけしま・さとし
1969年生まれ。2012年「ハサミヤサンドイッチ」を中央区の山鼻地区にオープン。こだわりのメニューと手作りのおいしさが評判を呼んでいる。

なりたかったワタシ

もともとこの辺りが地元だそうですね?

▶すぐそばにある実家が呉服屋を営んでいて、子供の頃、ホームステイで外国人の受け入れをしていました。だから割と身近に海外、特にアメリカを見ていました。アメリカ人が自分の家にいて、ヘンな音楽をかけたりヘンな物をカバンから取り出したりする（笑）。もう無茶苦茶アメリカに憧れて、夜なんて東を向いて寝るぐらい。

高校受験に失敗して落ち込んでいた時、ニューヨークの公立高校に1年ちょっと留学できることになりました。帰国後、高校を卒業して再びアメリカへ。「とにかく自分にプレッシャーをかけたい」という欲求と、大げさに言えば「地球の一番中心に行きたい」みたいなよく分からない望みと。自分の世界を外に外に広げることが大事だと思い込んでいたんですね。とにかくアメリカに憧れ、何でも見てみたかったんです。

どんなことを見てきたの?

観光ビザでしたが、英語はできたのでちょこちょこ働いて。カリフォルニアから始まり、お金が貯まると先へ進み…という感じでニューヨークからヨーロッパへ。シャンパン

のシャトーに住み込みで働いたり、パリのレストランの厨房で働いたり。ある程度フランス語ができるようになると、カフェでギャルソンもやりました。

▶ そのころ、奥さんが友達と卒業旅行でロンドンにやって来まして、その通訳みたいなことをしたのが最初の出会いでした。帰国後はしばらく、貿易会社がやっている渋谷の古着屋で働きました。

> おおー、どおりでお洒落なご夫婦!

当時は古着が流行っていたので、びっくりするぐらい売れましたね。そして、働いて貯めたお金で奥さんと半年間、またヨーロッパへ行きました。完全に遊びで。「スパゲティ食べたいね」「じゃ、ローマ行こうか」とか、「マドリッドにヤバい美術館があるらしいよ」「行ってみようか!」という調子。気に入った街があると、アパートを借りてしばらくそこに住んだり…。楽しかったですね。その後も、仕事で定期的に海外に行くという生活をしていました。

> なんともうらやましい。でもなぜサンドイッチ屋さん?

▶ 若い頃は海外へ行って視野を広げ、人とのつながりを増やすのが楽しかったけれど、ある時から、もっと小さくて濃い生き方をしたいと思うようになりました。本当に大事なものだけを残して暮らしをコンパクトにしていく方が自分には向いているのではないかと。

「いつか地元の山鼻で小さな店でもやりたいなあ」と考

えていたら、娘が近くの札幌南高校に合格！ 即、不動産屋へGO！です（笑）。

> すごい！
> お嬢さん優秀!!

　僕が作るのは、大好きだったニューヨークのサンドイッチ。それを、自分の生まれ育ったこの場所で、できるだけ忠実に再現しているんです。うちの娘も含め、ここらの生徒たちが学校の行き帰りに、ちゃんとおいしくて安全な手作りのものを食べてもらいたいから。

<2013年12月4日◎第552回>

なりたかったワタシ

> 私も若い頃は、人とのつながりをどんどん広げることが何より楽しくうれしかった。でもある時から、広げるよりも深く、それぞれのパイプを太くすることを意識するようになりました。年齢を重ねて視界が広がると、自分が本当に求めていること、大切にしたいことが見えてくるのかもしれませんね。

札幌人図鑑 File No.030

久津知子さん
将棋の普及に力を尽くす 女流棋士

初めは保母さんに なろうと思っていた

なりたかったワタシ

ひさつ・ともこ
1972年札幌市出身。日本将棋連盟所属、女流棋士二段。勝浦修九段門下。92年に19歳でプロ入りを果たす。

イベントでご一緒した縁でご出演いただいたプロ棋士の野月浩貴さんから「札幌にステキな女流棋士がいるよ」と教えていただき取材が実現。いま再び子供たちに人気の将棋は、ジュニアの大会を行えば、札幌では500人、東京では3000人規模というから驚きです。

将棋は何歳から?

▶ 父が趣味で将棋道場を開いていたのですが、子どもの頃は将棋に興味はなかったんです。中学ではテニス部でしたし。

高校進学を考える頃、進路を決めかねて悩んでいたんですが、子供が好きだったので、将来は幼稚園の先生か保母さんになりたいと思って。それで父に相談すると「それなら子供たちに将棋を教える先生になれば?」って言ってくれました。私は子どもの頃からよく近所の児童会館に通っていたので、なんとなくそこの先生になれるようなイメージが浮かび、楽しそうだし、自分にしかできないことのように感じたんですね。

私も好きでした! わかるわかる!

それで、それまで考えていた進路を大幅に変更して、札幌星園高校へ進学したんです。定時制高校なので、昼に授業が終わり、午後からは毎日夜10時まで将棋を指す。そんな日々を過ごして少しずつ力をつけ、高校1年で全国3位、高2の夏に全国優勝、秋には女流アマチュア大会で優勝しました。

本格的にプロになりたいと思うようになり、北海道出身の勝浦修九段に弟子入りしました。プロになるための試験はリーグ戦なんですが、18局対戦して1位になった人だけがプロになれるという狭き門なんですよ。

> なんと厳しい…

▶ プロになっていざ仕事をしようと思っても、子供に教えるような場所はなかなかありませんでした。札幌にはプロ棋士はいなかったし、考えてみたら私も誰かに教わったことはなかった。そこで、市内に100カ所以上ある児童会館1軒ずつに電話をかけ、「子供たちに将棋を教えたいのですが」と掛け合いました。「無料で将棋教えますよ〜。お子さんを集めて場所さえ提供してくれたら、道具一式持参しますよ」って。

> 頑張りましたねー

　はじめにOKの返事をもらったのは20軒ほどでしたが、続けるうちに評判が口コミで広まって、他の児童会館も次々と手を挙げてくれました。

> こういう時、口コミが一番！

　今では文化センターや区民センターなどでたくさんの生徒を教えています。振り返ると「無料で教えますよ〜」だなんてすごく怪しい感じですけど、児童会館って、私が子供の頃も近所のおばあちゃんがお手玉教室とかやってたし（笑）、だから私もそんな感じで違和感なく……。

▶ 将棋はまず、ルールを覚えるところで敷居が高い感じがするのですが、だいたい6歳以上になれば、30分ほどの説明でほとんどの子供ができるようになります。

> 30分で!?
> やってみようかな

　将棋を始めると集中力がつきますね。学校の成績も変わってきますよ。内気な子でも、将棋を通じて友達ができたり、人見知りの激しい子でもそれを克服したり。

　子供たちに将棋を教えるのは本当に楽しいです。小さい頃に教えていた子は、大きくなっても交流があります。逆に私が高校時代に道場で一緒に指していたおじいちゃんたちが未だにイベントに来てくれて、「ともちゃん元気か

い?」って声を掛けてくれたりします。

将棋って一度覚えると、幼ななじみみたいにものすごーく長いお付き合いができるんです。いい趣味だと思います。保母さんになる夢もかなった…というより、それより良かったと思っているんですよ。

> うれしいですねー!

いま、インターネットの将棋教室を準備中です。将棋のルールブックは難しく感じる人でも、動画の解説なら好きな時間に繰り返し見られて分かりやすいのではないかと思います。一方的に教えるだけではなく、SNSで質問を受け付けたり、視聴者とやり取りできるようにしたいです。

> ほんとだ!
> よかったよかった

「札幌人図鑑」のスタイルもいいですね。親しみやすい感じにしたいなぁ。全てが手探りで準備中ですが、近日公開しますよ。ご期待くださいね!

<2013年12月5日◎第553回>

子どもの頃、クラスに必ずいた将棋の強い子。たいてい勉強もよくできたのは、将棋で培われた集中力の賜物だったのかも。囲碁も将棋も、麻雀もポーカーもできない私は、何か大切な忘れ物をしているのではないかしら(大汗)。いや、今からでも遅くない!?

札幌人図鑑 File No.031 石塚裕也さん 「サイクリングフロンティア北海道」代表

サイクリング観光は北海道に革命を起こす！

ここ数年、海外からのツーリング目的のお客さまが増えています。ロードバイクの実業団に籍を置く実力派でありながら、自転車の観光ガイドを手がける石塚さんに、北海道を自転車で走る魅力を教えてもらいました。

いしづか・ゆうや
1978年室蘭市生まれ。自転車競技歴20年以上。国内トップの年間のべ2千5百人をガイドする会社「サイクリングフロンティア」を2009年に設立。

▶ 中学校2年生の夏休み、自転車に乗って北海道を一人で1周しました。家族には「おじいちゃんの家に行っている」とウソついて。その時、荷物満載で走っていた僕の横を、ユニフォームを着て隊列を組んだロードレーサーがものすごいスピードで追い抜いていった。あまりの格好よさに、すっかりシビレちゃいまして。

その後、テレビでツール・ド・フランスを見て「あ！あの時の！」と興奮しまくり。それからはもう自転車一筋。高校も大学も自転車競技部で、札幌藻岩高校では部活を自分で立ち上げたほどです。

大学では国内トップの実業団チーム、キナン・マルイシ（現 MUUR・ZERO）に入団しました。その後、2年間休学してヨーロッパへ武者修行。イタリアのチームに入って、年間100レースを走り、プロを目指しました。

本格的なレーサーだったんですね

でも、大学を休学して行っていたので、一旦帰国することにしました。日本は学歴社会だし、卒業してからまた来ようと考えたんです。ところが、帰国後に信号待ちをしていたら、交通事故に遭って頸椎損傷。右半身がまひし、

自転車どころか歩くこともままならず、結局イタリアに戻ることはできませんでした。

> なんということ…

病院にリハビリ用の自転車がありました。そこで、動かせる左足で漕いでみると右足もつられて動き、続けるうちに少しずつ歩けるようになって。歩くより先に自転車に乗れたんですよ。

▶20〜30キロのスピードで自転車に乗っていると、急に無音になる瞬間があるのをご存知でしょうか？　追い風と同じスピードで走ると、風切り音が消えるんです。すると五感が研ぎ澄まされ、風景はスローモーションに。匂いもまるで変わってしまう。リハビリ中、よくその時の夢を見ましたね。

> すごい…
> 体験してみたい…

その後、縁あってベロタクシー札幌の初代ドライバーになりました。観光ガイドなんてやったことなかったけど、ここで楽しさに目覚めたんです。それで「サイクリングのガイドもありじゃないか」と思ったのが、今に至るきっかけです。

> 自転車と観光が
> つながりましたね！

▶ヨーロッパは幹線道路以外は砂利道が多いのに対し、道内はどこまでも舗装道路が続く。アジアの人は、真夏に涼しい風を受けて走るのを心底喜ぶ。住民はみんな親切で治安もいい。コンビニが多くて便利。海沿いを走って、

安くて新鮮な海鮮を毎日食べては感動します。もういいことずくめ。強いて問題点を挙げれば、英語があまり通じないことでしょうか。

> なるほどなるほど！いいことずくめなんだ！

とにかく、夏も冬も自転車を最高の環境で楽しめるのが北海道なんだ、と胸を張って世界中の人にご案内したい。「自転車が北海道観光に革命を起こす！」。僕は真剣にそう考えているんです。

<2013年12月15日◎第563回>

あのままイタリアで頑張っていたら…あの日車に乗っていなければ…。想像を絶する後悔と絶望の中にいたであろう石塚さん。それでも自転車を遠ざけることはしなかった。そのまっすぐな思いが、次の扉を開かせました。
　風切り音が消えるスピードは比較的ゆっくりで、初心者でも簡単に出せるらしい。私もいつか、風と同化する感覚を味わってみたいです。好きなことを好きであり続けられる人は、幸せをつかむグリップが強いのだと思います。

札幌人図鑑 File No.032

髙室典子 さん 「助産院エ・ク・ボ」院長

私自身が必要としていた人になりたい

たかむろ・のりこ
札幌市出身。旭川医大研究系大学院修士課程修了（看護学修士）。1994年「助産院エ・ク・ボ」開業。お母さんと赤ちゃんの応援団として実践と教育に情熱を注ぐ。

病院ではなく、自宅や助産院での出産を希望する女性が増えています。病院での出産があたりまえになり、一時は助産院がゼロになった札幌市。そんな中で開業して早20年。いまでは3世代でお世話になる人もいるという助産院エ・ク・ボにお邪魔しました。

▶ 私はもともと大学病院の脳外科の看護師だったんです。脳外科は亡くなる方を見送ることが多く、毎日切ない思いで働いていました。そんな時、ふと看護学生時代のことを思い出しました。

最初の実習でお産を見て、私はただただ涙が出るほど感動しました。家に帰ってそのことを母に伝えると、「あなたを産んだ日が人生で一番幸せな日だった」と教えてくれて。そんなステキな仕事があるんだと思い、看護学校を出たら助産師学校に行こうと決めたんです。

こういう言葉がいちばん力になりますね

だけど途中でアメリカに遊びに行っちゃって、戻ってきたら留年しちゃった（笑）。友達はみんな働き出したので、やっぱり私も働こうかなと。「働くからには最前線で」と自ら脳外科を希望したんです。

「救命病棟24時」みたいな…

でも私は、助産師になりたかったのを思い出した。「死ぬ」ところより「生まれる」ところに戻りたいと思いました。

その頃はもう結婚していたんですが、夫に「助産師学校に行きたい」と言うと、「いいよ」という返事。ブランク

があるから受かると思っていなかったみたい。でも勉強したら受かっちゃった！　合格を報告すると、案の定の猛反対。それでもどうしても行かせてほしいと頼み込んで……。たぶんウンとは言わなかったけど、私の耳にはウンと聞こえたので（笑）、荷物をまとめて全寮制の助産師学校に入学しました。

▶ 助産師学校を卒業後、札幌の産婦人科に勤務しました。そこでは赤ちゃんをたくさん取り上げましたし、働きながら私も母になりました。女の子を4人産んだんですよ。この子たちがいなかったら開業しなかったかもしれません。

> 美人4姉妹！

　と言うのも、自分は赤ちゃんのプロだと思っていたのに、実際に育ててみると悩むことばかりだったんです。そのとき病院の助産師さんが「この子を守るのはだぁれ？」って聞いてくれて。「そうだ、この子を守るのは私なんだ」と思えた時から、いろんなことが吹っ切れたように思います。

　女性は子育ての能力を持ってはいるけど、後押しがないと悩んでしまう。助産師はそのスタートラインに立って応援できる人じゃないかと思い、開業に至りました。私自身が必要としていた人、そういう人になりたいと思っています。

> 必要だからこそイメージしやすいんですね

▶ お産の時はバースプランを立て、理想のお産に近づけます。自宅出産でもいいんですよ。うぶ湯の用意？　いや

なりたかったワタシ

いや、今は羊水でぬれた体をきれいに拭いてあげるだけ。うぶ湯で洗わない方が赤ちゃんは安心するんです。タオル？　ハサミ？　大丈夫。道具一式、コロコロカバンで引っ張って、お洒落に駆けつけますから！

<2014年1月10日◎第589回>

なりたかったワタシ

　札幌市民憲章50周年の時、時計台で行われた式典で司会をしたのですが、そのとき髙室さんが奨励賞を受賞されたのがご縁で取材させていただきました。性の話や命の話を、中高生に長年お話しされてきた労を称えて贈られたものでした。
　最近は更年期に悩む女性へのアドバイスも熱心な髙室さん。産前から更年期まで健康相談のできる、こんな「かかりつけの助産師さん」がいると心強いですね。

札幌人図鑑 File No.033 木原くみこさん

地域FM「三角山放送局」を運営する「株式会社らむれす」取締役

ラジオに行きたいと言いつづけた

きはら・くみこ
1951年札幌市生まれ。NPO三角山理事長。98年西区に三角山放送局を開局。2012年に開局したラジオニセコの相談役も務める。

なりたかったワタシ

音楽もファッションも、北は札幌、南は福岡から東京に向けてヒットの波を起こす——。そんなラジオの黄金期に札幌テレビ放送（STV）で勤務していた木原さんは、その後、札幌市西区にコミュニティーFM「三角山放送局」を立ち上げます。地域FMにかける思いとは。

▶STVに入社した時は、秘書課に配属されました。毎日お茶を入れたり電話を取り次いだり……。秘書の仕事は嫌いじゃないけど「せっかく放送局に入ったのに、あまり性に合わないなぁ」と感じてきて。それで人事課に「ラジオに行きたい」と申し出ました。当然そんな話は通るわけがないのですが、「ここで諦めちゃいけない！」と思って私、ずっと人事部に通い続けたんです。「私はなぜラジオに行きたいのか」という作文を書いて提出したりして。

> STVにも長く勤めましたね

> 女の一念、岩をも通す！笑

すると、たまたまラジオ局のレコード室に空きができて、そのまますっとラジオの世界に入ることができちゃった。前代未聞の異動でしたが、あれがなければ今の私もないでしょうね。

当時は「ラジオからヒット曲が生まれる」と言われたラジオの黄金時代。松山千春、中島みゆき、ふきのとう……。新しいミュージシャンがどんどん出てきて、新しい番組をどんどん制作して、賞もいただきました。

> 私の青春もラジオ一色でした！

私、結婚して子どもが生まれてからも働いてたんですよ。

「容色の衰え」とかいって、30歳過ぎたら女の子は早く辞めた方が…という時代だったんですけどね（笑）。

現場はとにかく忙しかったです。保育園が終わる6時頃になるとスタッフが子どもを迎えに行ってくれて、子どもをこう…いすの後ろに挟んでクルクルあやしながら編集してましたね。地下食堂からラーメンをとって食べさせて、レコード室に寝かせたりして仕事を続けました。タレントさんに「アットホームな会社ですね」なんて言われたこともあったなぁ（笑）。

> いまの30代に言ったら大変! 笑

病気で入院しても、録音機を持ってきてもらって病院で番組作りをしたこともあります。いろんな人に会いたい、番組を作りたいという気持ちがとにかくものすごく強かったと思う。だから忙しくても全然苦にならなかった。でも周りは大変だったでしょうね。今も感謝しています。

> すごい! その子も今やお母さんなんですってね〜

◗STVを退社すると、すぐイベント会社を立ち上げました。実は若い頃、自分は結婚しないだろうと思って購入したワンルームマンションのローンを完済してまして、そこをオフィスにできたんです。

> その思いが周りの方の力にもなったのでしょうね

電話、FAX、ワープロをそろえて事務所を開き、いざ電話の前に。「仕事来ないかなー」と。ところが、待てど暮らせど仕事は来ない（笑）。でも北海道で働きたいので、まず利尻に行くことにしました。

で、教育委員会に行って「何かお役に立てることはありませんか?」と聞いてみました。すると、港の近くの居酒屋に青年団が集まって、ワイワイと意見を聞かせてくれました。これをきっかけに数年後、利尻の廃校になった校舎でコンサートを開くことができました。船でピアノを運び、ピアニストも連れて行ったんですが、島の子供たちがたくさん来てくれて、生の演奏をとても喜んでくれました。あのコンサートをきっかけに、将来音楽を好きになる子が一人

> そこがすごいですよね。遠くから攻めていこうという笑

でもいてくれたらうれしいな。

▶ その後もイベントを企画したり番組制作をしたり。ある時、ラジオ番組の企画が通らずガッカリしているスタッフを見て「よし、それなら私が放送局を作ろう！」と立ち上げた。それが三角山放送局です。

> かっこいい！三角山放送局誕生!!

今では出演するパーソナリティは150人。いつもみんなの成長を頼もしく思っています。9・11の時、私は第1報をテレビで見て、地域の放送局として何をどう伝えたらいいかを考えました。大きな放送局であれば、当然会社で答えを用意するものです。でも私は決めなかった。翌日の放送を聞いていると、「びっくりしましたね」と素直な感想を言う人、「涙が止まらなかった」と語る人、ただただ反戦歌をかけ続ける人……。

> それぞれの思いを電波に乗せて…

それを聞いて、「あぁ素晴らしいな、これが放送局だな」と心から感動しました。自分が何を感じ、何を思っているかを語る。これがなければコミュニティー放送局の意味がない。私たちは、そういう「思いの丈」を語る人々が発信する場作りをしているのだと思っています。

<2014年1月19日◎第598回>

なりたかったワタシ

正直、とても驚きながら話を聞いていました。どちらかというとバリバリのキャリアウーマンで、子連れ勤務などは嫌うイメージだったので（ごめんなさい）。いま、メディアで「ダイバーシティー」（多様性）が取り沙汰されるたび、コミュニティー放送局こそがそうだと感じています。

札幌人図鑑 File No.034
武石伸也さん 鈴鹿8耐ライダー

身銭を切って走る今のほうが断然楽しい

たけいし・しんや
1967年東京都生まれ。
レーシングライダー。有限会社アクター代表。

なりたかったワタシ

「鈴鹿8耐」で日本人初のポールシッターとなった北海道を代表するカリスマライダー。46歳になった2014年も鈴鹿への出場を決め、支援者の熱い思いが寄せられていました。実は鈴鹿へは、かつて6年のブランクがあったとか。その頃を振り返っていただきました。

バイクに乗ってどれくらい？

▶10歳の時に父がモトクロスのオートバイを中古で買ってきて以来なので、バイク歴は36年になります。高校は東海大四高（現東海大学附属札幌高校）でした。

早くバイクの免許を取りたかったけど、上下関係の厳しいスキー部で、怖い先輩がたくさんいてね。で、新聞配達をするという名目で17歳の時に免許を取ってレース活動を始めました。

高校卒業の年、倶知安（くっちゃん）に本格的なサーキットができたので、卒業後は倶知安のサイクルショップに就職。丁稚奉公のような毎日で、昼間は自転車のパンク修理、夜になったら自分のバイクをメンテしたりで4年間。その間に北海道のチャンピオンになれたので、本格的なレースができる鈴鹿へ行きたいと考え始めました。すると、ブルーフォックスというチームに「来るなら雇ってやるよ」と言われ、喜んで上京したんです。

本格的なレーサー人生の幕開け！

ところが行ってみると「雇ってやる」といったのは営業部の人だった。肝心の岩崎勝監督からは「お前、何しに

来たんだ?」と言われてびっくり! もう、レースがしたい一心で、監督にゴマすりながら一生懸命仕事しました。すると監督が「じゃあバイクを1台用意するから、これでA級に上がれるように頑張れ」と。

1年後、無事A級に上がり、来年どうしようかと思っていました。すると突然上司に呼ばれ、「おまえ、来月から会社に来なくていいよ」と。「どういうことだ…俺はクビか!?」と驚いていたら、「来年はTTF1に乗ってもらう。これからは、体を鍛えることとコンディショニングがおまえの仕事だ」と言われ、思わず力が抜けました。そこからプロのライダーとしての人生が始まったんです。

▶ 会社から用意されるバイクは、最初はチームで作ったオートバイなんですが、その上のクラスは性能が全く違います。上位にいくほどマシンの性能が成績に響く。僕はランキングが10位に入った時、ホンダRVF750に乗っていました。とにかく思いのまま走れる。一番の違いは軽さです。いま考えても、これ以上のマシンはない。乗った瞬間、これに乗るために頑張ってきたという感動がありました。

逆に、成績をマシンのせいにできない、逃げ道がないという気持ちにもなりました。それまで乗っていたバイクが1千万円だとすると、トップクラスが乗るのは開発費を入れると1億5千万円くらい。桁が違います。僕は、転んでそのバイクをバラバラにしちゃったことがあるんですけど(笑)。

その後10年ぐらい、プロライダーとして契約金も賞金ももらって、いま思えば夢のようなポジションにいたんですが、変なプライドもあって…自分の決めた金額がもらえなくなったらやめようかなと。それが32歳でした。事故で下半身不随になった同僚もいたし、この世界であと1年2年残るより、他の人生も見てみよう、一度ここから離れて

> びっくりしたー!
> よかったですね!

> そんな値段なんですか!? ひぃ〜〜

みようと。

▶2002年にレースを降りて08年にふたたび乗るまで、6年間のブランクがありました。その間、好きなバイクでツーリングに行ったりしましたが、たまにイベントの手伝いなどでサーキットを走ると、やっぱり楽しいんです。ライダーが集まった忘年会で、ふと「もう一度、鈴鹿で乗れないかな」とつぶやくと、仲間が「お前、乗れるの？ じゃあ乗ってみる!?」。酒の席での話でしたが、仲間の応援もあり、6年ぶりに鈴鹿で走ることになりました。

ライダー冥利に尽きますね

鈴鹿はやはり独特の雰囲気。観客もたくさんいます。自分が鈴鹿に戻ってきたことを喜んでくれるファンもいて、すごく心地よかった。それからは毎年鈴鹿に出ています。

なんであの時降りたんだろう？ あのまま乗っていたら、いま頃どうだっただろう？ サーキットでは、通常では考えられないスピードで走っているから、もう死んでたかもしれない。とにかく毎日、プレッシャーとの戦いでしたから。

でも…と思うんです。僕は鈴鹿に帰ってきた。お金をもらって走っていた時も、身銭を切って走っている今も、サーキットでのリスクは同じです。だけど、今の方が断然楽しい。

レースは俺の人生。趣味ではあっても、遊びじゃない。出るからには真剣に勝負してきたい。そういう姿を見て、たくさんの人が応援してくれると思うから。

＜2014年4月7日◎第676回＞

「あの時もしああしていたら、こうなっていたら」と後悔することは誰にもあります。でも「好き」という気持ちに従って素直に行動できた人だけが見られる風景があると思う。そしてそれは、いつからでも遅くはないのだと感じました。

札幌人図鑑 File No.035 綴家段落さん　素人噺家

50才から始めて良かった

「狸小路に常設の演芸場を!」を合言葉に定期的に開かれている「狸寄席」。昼の部は素人さんが、夜の部はプロの噺家(はなしか)が登場し、お弁当やビールを片手にゆったり楽しむスタイルが定着。昼の部ではすっかりおなじみの噺家で、本業は小学校の先生という段落さんにインタビュー。

つづりや・だんらく
1956年札幌市生まれ。本職は小学校の教員。50歳で「札幌落語倶楽部」を作り、年2回「さつらく寄席」を開くほか、出前落語にも出かける。

なりたかったワタシ

▶ 伊能忠敬は50歳から地図を作ったっていうでしょ? だから僕も50から何か始めたいと思いましてね。ある時、東京で仕事をした帰りに30年ぶりに寄席に行ったら「これだ!」って思って。子供の頃から好きだった寄席のほんわかした雰囲気がたまらなく良かったんです。聞くのもいいけど「喋りたい(しゃべ)」と思いました。

> 50歳から落語を始めたとか

　定年の60歳を待ってからじゃなくて50歳から始めたのですごく忙しかったけど、結果的には良かったと思います。まだ新しいことを始める馬力もあるし、60歳を過ぎても楽しめるものに出合えた。やっと自分の居場所を見つけたような気持ちです。

> 確かに60歳と50歳は違うかもー

　実は子供の頃、「どもり」だったんです。小学校2年生の時、クラスに吃音(きつ)の子がいて、仲良しだったんですが、真似していたら自分もなっちゃって。それから5年間、ずっと。

> あらまー!
> 意外な展開

　ある時テレビで、三遊亭歌奴という噺家が「落語家になってどもりが治った」と言ってるのを観て、自分も落語

117

家になろうと。それで小6の時にリュック一つで汽車に乗って東京へ家出したんです。でも乗った汽車が終着小樽で。まぁ、不審がられて送り返されたわけですが（笑）。

ずっと落語好きだった？ 部活は？

◐ 中学はブラスバンド部でした。自分では野球をしようと思っていたのに、クラシック音楽好きの兄の影響でうっかり入っちゃって。でも向いてなかったんだと思う。だって、つらかったですから。練習しても練習しても……。今にして思えば、音楽の才能はなかった。

ところが落語は苦くない！　初めてやった時から面白かった。今までになかった快感で、喋っているのがまず楽しい。その上、人が笑ってくれると幸せな気持ちになるんです。僕は小学校の教員ですが、授業でも自分が楽しいと子供たちも楽しいようです。落語は授業にもいい影響が出ていると思いますね。

どんなお噺が好きですか？

◐ 与太郎噺かな。落語の世界ではしょっちゅう、おっちょこちょいだったり、空気が読めない子が出てきます。でも、なんとかみんなで助け合って、結局その子も幸せに暮らせる、みたいな。そんな空気が好きですね。そういうちょっとはみ出したような子がいるから楽しいことって、いっぱいあるんですよ。落語と仕事がつながってると感じるところです。

落語はいいですよ！　ツッカケ姿で気軽に楽しんでほしいです。

<2014年4月13日◎第682回>

　お笑いには「相手を落として笑いを取る」ような後味悪いものもあるけれど、根っからの悪人は出てこない上に、どんな面倒くさい事態でも笑い飛ばして見られる落語は、優しい気持ちを育ててくれる気がします。優しい笑いは優しい社会に不可欠だと思う。

札幌人図鑑 File No.036 大西希さん 鶴雅ホールディングス取締役

北海道をアジアの宝に

おおにし・のぞみ
1982年釧路市出身。聖心女子大学卒業。2005年阿寒グランドホテル（鶴雅グループ）に入社し、台湾・シンガポールの旅行社で研修後、旅館勤務を経て現職。

取材当時、人気リゾートホテル「鶴雅」が札幌の新しいランドマーク「赤れんがテラス」に出店、と話題になりました。そこで、同店の代表で鶴雅グループ社長・大西雅之さんの長女、大西希さんにインタビュー。意気込みを聞きました。

子供の頃から跡取りは意識した？

▶ 家業が旅館業でしたので、小さい頃から両親はいつも忙しくしていました。添乗員さんが泊まりに来たりして、実家も人の出入りが多かった。やがて思春期になってからは、むしろ人とかかわらない仕事に憧れました。パソコンに向かってホームページの作成とか。…反抗期だったのかもしれません。

ところが私が中学3年生の夏休み、母が交通事故で亡くなってしまった。世界の終わりだと思いました。父もものすごくふさぎ込んでしまって。弟と妹もいるし、みんながパニックでした。

いきなり母が不在になった事実は受け入れられないものの、とにかく父を励ましたかった。そして母を目指すことで、ずっと母と一緒にいられるような気持ちになったんです。だから父に、「私、大人になったらお母さんの後を継ぐよ！」と伝えました。それからはいつか旅館に戻り、おかみさんになるんだという思いで人生の大半を過ごしてきました。

頑張ったね…

実は私は、小学校までは阿寒の実家におりましたが、中学・高校は札幌で寮生活をしていました。だから「母が目標です」といっても、なかなかその像が浮かばず戸惑います。母親としての姿は知っていても、仕事人としての母、一人の女としての母を知らないんです。

でも何か困った時、周りの人が未だに母を覚えてくれていて、「お母さんはこんな人だった」「こんな時にこんなことをしてくれたんだよ」と思い出話を聞かせてくれる。そうすると、なんとなく天国の母にアドバイスされているような気がして……。みなさんに感謝しています。

> お母さんを知ってる人が周りにたくさんいてくれて幸せね！

▶ 大学では文化人類学を専攻し、アイヌ文化を学びました。鶴雅グループでは、デザインやおもてなしにアイヌ文化を取り入れています。大学卒業後は実家に戻りましたが、他の会社も知っておかないと将来仕事で迷う時が来るかもしれないと考え、親しくさせていただいている台湾とシンガポールの旅行会社で研修を受け、日本旅行の添乗も経験させてもらいました。

> 自ら志願！ えらい！

海外からのお客さまが感動なさっている様子を見て、「あぁ、日本のおもてなしってこういうことなんだ」「こういうサービスが特別なんだ」とお客様目線を再認識したのはこの時です。

海外の旅行者は長期の方が多い。一緒に回っていると、日本人の私でさえ和食に飽きてきます。「食パンでもいいからパンが食べたい」とこぼすと、「こんなものしかないけれど……」と、あるおかみさんが用意してくださった市販のパンのおいしかったこと！（笑）

流暢（ちょう）な英語でご挨拶されるおかみさんがいらっしゃることにも驚きました。一方、英語は話せないけれど、体当たりでサービスする仲居さんもウケが良かった。

> そういうところだったりしますよね〜

海外のお客さまが感動するのは、言葉が通じることも大

なりたかったワタシ

事ですが、それ以上に私たちの「喜んでほしい」という思いが伝わったときなんだと知りました。日本のホスピタリティーは素晴らしいんです。

> こ…これはみんなで広めましょう！

● そうそう、シンガポールのペニンシュラホテルのカフェに行った時、こんなことがありました。メニューを広げたら、ホテルオリジナルの紅茶に世界の都市名が付いていたんです。パリ、ロンドン、ニューヨーク…そしてなんと北海道！京都でも東京でもなく、北海道と書いてあってびっくり！

> 本当!?うれしいですね!!

アジアの人たちにとって、日本の中でも北海道は特別。「Our Hokkaido」(アジアが誇るわれらが北海道)と言ってください。そんなありがたい現実を道内に住むみなさんともっと共有して、北海道を名実ともに「アジアの宝」にしていきたい。それが、観光に携わる私たちの共通の夢です。

<2014年4月18日◎第687回>

中学3年生という多感な時期に、とても悲しい経験をしていた希さん。自暴自棄になりそうな状況の中、頑張って前を向けた原動力は父への思いでした。自分のために頑張る力には限度があるけど、誰かのためなら頑張れる。優しく強く、ステキな女将さんになることでしょうね。

札幌人図鑑 File No.037 クレイン中條さん 北都プロレス代表・レフェリー

力道山を見て心に誓った

プロレスは好き嫌いがはっきり分かれます。嫌いと答える人の多くは「血が出る」「おっかない」イメージだと思うのですが、道内唯一のプロレス団体である「北都プロレス」は、明るく楽しくアットホームが特徴。ダジャレを連発するという名物レフェリーに話を聞きました。

クレイン・なかじょう
1949年北海道鶴居村出身。モットーは「北海道をプロレスで元気に」。「鼻は離せ!」など無理なダジャレを突っ込んではレスラーの動きをも止める名物レフェリー。

なりたかったワタシ

▶忘れもしません。初めてプロレスを見たのは昭和37年、白黒テレビの一番前を陣取って、初めて力道山を見ました。僕は14歳でした。1時間の放送を観た後は、興奮して足がガクガク震えてしまって…膝が笑って立っていられないくらいでした。「よーし、俺は将来、絶対にプロレスラーになろう!」と誓いましたね。

本当はプロレスラーになりたかった?

鶴居村の農家の次男坊だったんですが、とにかく体を鍛えようと、牛の飼料が入っていた麻袋が空になると中に土を詰めて木に吊るして、チョップとかキックとか、一人でトレーニングを始めました。でも、当時は馬場さんとか猪木さんとか体の大きなレスラーばかり。僕は165センチなので、あきらめかけていたんです。ところが、海外では体重別の試合があったり、体の小さなレスラーでも小ささを生かして活躍しているのを知り、いつか海外へ出ようと夢見ていました。

「三丁目の夕日」の映画みたい…笑

▶釧路の商業高校の定時制に通いながら、昼間は国産化粧品の会社で働いていました。その後、外資系の化粧

お仕事しながらプロレスを?

品会社に転職したんです。英語を覚えたい、外国に行けるかもと思って。でもそんなチャンスはなく、食べるのに精いっぱい。思えば当時は、外国に行くなんて月に行くくらい大変なことでした。結婚もしたし、自然に夢をあきらめていったんです。

名物レフェリーはどうやって生まれたの?

　ある日、知り合いのプロレスラーにばったり会って、「これからプロレスの団体を立ち上げるから手伝って」と言われて、仕事をしながらリングアナウンスやレフェリーを手伝ったのがきっかけです。2004年に旗揚げして、これまで道内100市町村を回りました。

　慰問は幼稚園、養護施設、老人ホームなど1000カ所以上。定山渓のスキー場で雪まみれになりながらとか、知床の世界遺産でとか。里塚温泉の屋上でもやったな。荷物運びが大変ですが、呼んでいただければどこでもやります。

▶ プロレスって「反社会勢力と手を組んでいるのでは?」とか色眼鏡で見られることもあるんですが、市町村と協力して健全に興行しています。興行先では幼稚園や老人施設の慰問もします。試合前にはリングで地元のアイドルや演歌歌手の歌謡ショーなども。

意外に親しみやすい…

　経営的には厳しいです。チケット代はレスラーを東京か

ら呼ぶ交通費・宿泊費・食費・ファイトマネーなどで全て消えます。でも、プロレスは本当に楽しい。お客さんには、僕の大好きなプロレスからぜひ元気をもらってほしい。僕も生涯現役でいたいですね。

<2014年4月28日◎第697回>

> プロレスの話をする目がとにかくキラキラ。14歳で初めて力道山を見た時の感動が今も胸の奥にあるのでしょう。大男ではないものの、胸板の厚さや力こぶの大きさにもびっくり。鍛えてますね。メジャーデビューを目指す札幌の若手レスラーもいるらしいし、怖がらず一度観に行ってみたいな。

札幌人図鑑 File No.038
大城和恵さん　医学博士・国際山岳医

山の救助に医療で貢献したい

おおしろ・かずえ
1967年長野県生まれ。英・レスター大学山岳医療修士。2011年北海道大野記念病院に登山外来を開設し、現在外来勤務。遭難予防活動を医療面から牽引する。

本州の登山者も憧れる北海道の山。しかし、北海道ならではの知識と経験がないと、夏でも危険にさらされることに。日本人初の国際山岳医として、2013年には登山家の三浦雄一郎さんのエベレスト世界最高齢登頂に同行したことでも話題になった大城さんに話を聞きました。

スキーがお好きと聞きました

▶3歳からスキーをしていました。長野でもずいぶん滑ったけれど、北海道は雪質がいいからやっぱり楽しいですね。山も大好きで、学生時代から山登りをしています。マッキンリーにスキーを担いで登ったこともあるんですよ。

ひぇ〜〜！本格的〜！

何とか登頂でき、滑って降りて来たんですけど、空気が薄くて3ターンもするとハァハァいっちゃって。全然優雅な滑りはできなかったなぁ。でもこの時、女性は私だけだったんですよ〜。体力には自信があります！

ある時、ネパールへトレッキングに行ったんですが、標高4700メートルで高山病の人に会いました。内科医として持てる知識で対応したけれど、もっと自信を持ってアドバイスできたら…という思いが残りました。

医師としての責任感ですね…

山には山の特殊な病気がある上に、医療設備も限られる。できることの少ない中で、患者さんの状態を知り、何ができるかを考えるという、ちょっと特別な勉強が必要です。例えば、雪崩で埋没した人の場合、一見亡くなったように見えても助かる場合があります。生き返るチャンス

のある人を見極め、チャンスがあればなんとか蘇生させることが必要なんです。

▶国際山岳医療の資格は当時、ヨーロッパで取得でき、私はイギリスで取りました。海外ではレスキューステーションで働く人もいますが、私は日本人初だったので、国内でできることを自分で見つけなければならなかったんです。

資格は取ったものの、どうしようかと途方に暮れていた時、北海道警察から声を掛けていただきました。「30年人を助けて来たけれど、救助だけでは人を助けられない。やっぱり医療の知識が必要です。力を貸してくれませんか?」と。

もともと山の救助に医療の貢献が全然足りないと感じていたので、こちらも何かお手伝いできればということで、道警の山岳遭難救助アドバイザーになりました。こうした連携は北海道が初めてで、いま全国に広がっています。

前例がないので、取り組みは手探りです。でも担当してくださった方が警察官らしからぬといいますか…例えば私が「こういうことはできますか?」と聞くと、「うーん」と考え込むので「無理でしょうか…?」と聞き直すと、「どうやったらできるかを考えているんです」というような人で。できない理由を一つも言わなかったですね。

人を助けるために何ができるかということを、柔軟に、一生懸命考えてくれました。おかげで私もたくさんのことを学び、国内初の山岳救助への医療導入制度実現につながりました。

▶山岳医と聞くと、ヘリに乗ってギューンと救助に行くように思われますが、私がヘリで現場に飛ぶのではありません。救助隊員から連絡を受け、状況に応じて医療面の指示を出します。海外のデータを見ても、医者が現場へ行ったからといって救命率が上がるわけではなかったんです

日本人初の
国際山岳医です

なりたかった ワタシ

ほぉ〜。
道警さすがです!

上司にしたい男
ナンバー1!笑

よ。

　山での遭難を減らすのが私の目標ですが、そのためには、登る人が「自分の身は自分で守る」という知識や技術を持つのが一番いいと思っています。これが「ファーストエイド」です。具合が悪くなった時に助ける技術と思われがちですが、知っていることで病気を回避できる技術でもあります。例えば、なぜ低体温症になったのか、その理由を学ぶことで、自分はならないようにして欲しいのです。

　低体温症で亡くなる人は、冬より春や夏に多いのをご存知でしょうか。意外に思われるかもしれませんが、北海道の山は夏でも夜は0度になることもあります。過去10年で17人が亡くなっていますが、そのほとんどは本州からの登山者です。

　山で起きる病気を知り、予防する。山に行くとき、雨に備えてカッパを持参するように、ファーストエイドの技術も道具の一つとして身につけていってもらいたいと願っています。いま年に4回、ファーストエイドの講習会を開いています。実際にあった遭難の事例をもとに道警のアドバイスを受けて作ったものなので、現場で役に立つんです。

　思えば、資格を取ったあと北海道に残っていなければ、このような機会はなかったかもしれません。だから、北海道に感謝しています。

<2014年7月7日◎第737回>

> 確かにそうかもしれませんね…

> 北海道の夏山をなめたらアカン！

道警と一緒に新しい仕組みを作るだなんて、「融通が利かなくて大変そう」と思ったけれど（ごめんなさい）、フレキシブルで、むしろいろいろ勉強になったという話を聞いて、道民として胸を張る思い。大城さんの「男前」な仕事ぶりとエレガントな笑顔に魅了された取材でした。

札幌人図鑑 File No.039 髙室仁見さん

豪華客船で世界を旅した鍼灸師

私にしかできない働き方を

たかむろ・さとみ
1985年札幌市生まれ。2015年「鍼灸サロン Hari Hari」を開業し院長に。09年ミスさっぽろ。「北海道きものの準女王」としても活動中。

なりたかったワタシ

　108ページで紹介した助産師・髙室典子さんの長女、仁見さんは鍼灸師です。乗客3000人、クルー1600人、16階建ての英国豪華客船に乗り、5つ星スパでの7カ月の勤務を終えて帰ってきました。世界中を旅したいという子供の頃の夢を、本当に自分の腕一本でかなえてしまったのです。

▶海外では、鍼灸師はドクターとして扱われます。船上に日本人は私一人だった上に、白衣で歩いていたので相当目立っていましたね。東洋医学になじみのない欧米人も興味津々のようでした。

　毎日30分、集まった方々に東洋医学や鍼灸について話をして、その後治療を迷っている人に個別で15分のカウンセリングをします。痛いところ、こわばったところなどを聞いて、「今あなたはこういう状態なので、こういう治療を施せばこういう効果が期待できます」と説明します。

　当然すべて英語です。もともと英語は好きでしたが、日常会話ができるレベルではダメなので、この仕事をするために医療用語や専門用語を2年がかりで勉強しました。私は2009年にミス札幌をさせていただいたのですが、その時に学んだ笑顔や立ち居振る舞い、特にプレゼンスキルは大いに役立ったと思います。

　みなさん鍼は初めてで、やはり恐怖心はあるようですが、

杖をついて来た人が、治療で楽になって杖を忘れて帰ったり、こわばって手が動かなかったご老人から「妻と手をつないで帰りました」とお礼を言われたりしてうれしかったですね。

> 鍼って西洋人にも効くんですね!

そうした評判は口コミで広まりました。西洋人は驚くほど薬漬けで、薬に代わる何かを探しているように見えましたね。

▶私は中学の時、月経前症候群に悩んだり、高校時代は鬱っぽくなったりで、健康には自信がなかったんです。アクセサリー店で働いていた頃に肺炎で入院したことがあったのですが、私一人休んでも職場には特に影響がなかった。これはとてもショックで、その後を考える大きなきっかけになりました。

父が医者で、母は助産師だったこともあり、私も何か資格を取って、私にしかできない働き方をしたいと考えるようになったんです。何がいいか悩んでいたら、母が「東洋医学は?」と一言。なるほど、東洋医学は病気じゃなくて「人」をみる。体のバランスを整えれば心も整う。人それぞれにあったオーダーメイドの治療ができる。そう考えた時、自分がつらい時にそばにいて欲しかった人に、私自身がなれると考えました。

> お母さんと似ていますね

● 鍼の学校を出たあと、鍼灸による産婦人科治療の第一人者がいる茨城の国立大学附属医療センターへ。いつか母と一緒に働きたいという気持ちもありましたが、もう一つ、「東洋医学はなぜか分からないけど効くよね」ではなく、こういう症状にはこういう治療が効きますということを、言葉でちゃんと説明できる人になりたかった。そのために研究機関で勉強したかったのです。

そしてある日、「豪華客船で働きませんか？」というポスターを学校で見つけたんです。「きっと私にしかできない、面白いからチャレンジしてみよう」と思ったんですよ。

体が元気になると考え方も前向きに

子供の頃、「大きくなったら世界中を飛び回る仕事がしたい」と夢に見ていました。だから客船で一生懸命働き、船が着くとその地を観光し、また船に乗り次の国へという経験が、夢をかなえてくれたと思っています。

私は4姉妹の長女で、妹たちはピラティスのインストラクターや保育士などをしていて、母は助産師です。思えばみんな、女性の心と体をサポートする仕事。専門家がそろっているので、そこに来れば女性みんなが元気に、ハッピーになれるような自前のビルをいつか建てたい。それがこれからの大きな夢ですね。

<2014年9月23日◎第815回>

鍼灸が欧米人にも効くんだということに驚いたのと、東洋医学の魅力を流暢に英語で説明できる仁見さんを頼もしく思いました。冬は留寿都村へ出張し、外国人スキー・スノボ客への鍼灸治療も行っているそう。これだけインバウンドが増えた札幌ですもの、船を降りてもそのスキルは喜ばれるでしょうね。

札幌人図鑑 File No.040　富山睦浩さん　サツドラホールディングス 代表取締役会長

根室の漁船に薬を積むのを見て

とみやま・むつひろ
1947年根室市生まれ。積極的かつ柔軟な経営姿勢で北海道に根差した企業を目指す。座右の銘は「一生勉強一生青春」。

取材した2015年は東証一部上場という大きな節目の年でした。「サツドラ」の愛称で親しまれ、北海道に特化した店舗展開で知られる創業者。息子さんへの代替わり直前というタイミングでのインタビューです。

漁師を継ごうとは思わなかった?

▶ 僕は根室の漁師の子でしたが、6人兄弟の末っ子なもんだから、小さい頃から家業は継がなくていいと言われ、自由に育ちました。親父は大きな漁船でカムチャツカまでサケマス漁に出るんですが、出れば何カ月も帰ってこない。それで船に薬をどっと積み込むんです。それを見て、子供心に「薬屋っていい商売だな。もうかりそう」なんて思いましてね。

しっかりした子ですねぇ

神経痛を長く患った母も、病院より薬屋さんを頼りにして、いつも感謝していたんです。「薬屋は人に感謝される。薬屋っていいな」と思っていました。

将来は薬剤師になろうと決めて、大学は薬学部へ。卒業後すぐに札幌に戻って、問屋で1年半、小売り店で1年半勤めました。

僕は旅行が好きでね。そうそう、シャンソンも好きで。当時、ヨーロッパ鉄道を1カ月乗り放題で5万円っていうチケットがあって、スペイン・イタリア・フランス・ドイツと放浪の旅に出たのはいい思い出です。

そんなチケットがあったの!?

海外が好きだから英語くらい上手になりたいと、札幌市

でやっている英会話教室に通っていて、そこで出会った女性と結婚しました。25歳の時でした。結婚したのが11月で、翌月の12月に店を持つことになります。手稲山口にできるスーパーの中の20坪くらいの小さな店でテナントを募集してると聞いて。それが1号店です。サラリーマンの奥さんになれると思っていた女房には怒られちゃったけど、自分は薬、女房は化粧品を担当して、新婚1カ月で商売を始めました。

> 資生堂の花椿でしょ！

僕の名前が富山なので、店の名前を決めるときは悩みましたね。普通はみんな自分の名前をつけるでしょ？　富山薬局とか。でも、富山といえば配置薬。うちにも小さい頃は配置薬があって、紙風船をもらえるのが楽しみだったからよく覚えていた。

> 懐かしい！

で、富山の薬売りと間違えられるから、富山は使えないなと。それなら札幌でいちばんの薬屋になりたいと思って「薬屋」を辞書で調べたら「ドラッグストア」とあったので、店の名前は「サッポロドラッグストアー」にしました。ドラッグストアという響きは当時まだなじみがなくてね。電話をかけると「札幌トラック？」なんてよく間違われたもんです。

> あははは

おまけに、後で調べたら、そのくらいの小さな薬局は「ファーマシー」というのが正しいそうで。300坪くらいの大型店をドラッグストアと呼んで使い分けるらしい。…でも、結果的には良かったよね？

> 今や、名実ともに「ドラッグストア」！

▶ 薬局に食料品を置いたのはうちが一番早かったです。薬局といえばヘルス＆ビューティー。当時は薬局が食品を置くなんて邪道だって言われたけど、食品を置けば毎日のようにお客様に来てもらえる、薬局としても個性を出せると考えました。

当時は消費税が3パーセントだったので、97円均一で売り出しをしたら「あら、こんなものまで100円で買える

※ なりたかったワタシ

の?」って大変喜んでいただいて。マグネット（吸引）効果で売り上げも伸び、スーパーでもやるようになりましたね。

> おぉ―――!

今では売り上げの35パーセントは食品・飲料です。PB（プライベートブランド）の「超炭酸水」も安くてよく売れています。これ、最近の女性はお化粧に使うって聞いたけどほんと?

> 髪を洗うといいらしいですよ

▶「サツドラ」の愛称で親しまれ42年、今や道内155店舗になり、今後は7週連続新店舗をオープンします。でもチェーン展開を目指してきたわけではなく、どの業界もそうですが、たくさん買うと割安になったり問屋さんから海外旅行にご招待とかがあって（笑）、せっかくだからたくさん扱おうと支店を出し続けて今日に至ったという感じです。

今はスーパーも薬屋さんもない地方に積極的に店を出しています。町民5千人でコンビニしかないという利尻町には、町長からの熱心な要請で出店しました。

> 地方への出店は待ち望まれているでしょうね

町民3千人の浜頓別町にオープンした時は「実は半年間、町に薬屋がなかった」ととても感謝されました。弟子屈や斜里にも出店予定です。札幌市内の狭小圏でも、人口の少ない所ほど必要。将来的には全道300店舗まで増やしていきたいと考えているんです。

<2014年12月23日◎第906回>

薬と化粧品を扱う薬局は、スーパーには欠かせない存在です。あのサツドラさんも、スタートは夫婦2人の小さな店からスタートしたという話にほのぼの。ポイントカードEZOCAで地域貢献を始めた話は、社長を継いだ息子さんにご出演いただいた第1211回で。（WEBをご覧ください）

札幌人図鑑 File No.041 長沼昭夫さん
洋菓子の「きのとや」代表取締役会長

「お菓子屋っていい仕事だよね」

「焼きたてチーズタルト」を買い求める長い列。札幌の地下街でおなじみになった光景は、東京でも、そして海外でも。最近は長男の真太郎さんの快進撃も話題ですが、何といっても小さなお店を一代で大きくした社長の思いを聞きたい。甘い香りに包まれながらのインタビューです。

ながぬま・あきお
1947年札幌市生まれ。「きのとや」は1983年創業、現在札幌市内に9店舗。長男の真太郎さんが代表を務める「BAKE」は国内外に28店舗を展開する。

▶ 僕は6人兄弟の末っ子です。父は僕が13歳の時に病死しました。父は長野県の出身で、北海道に単身で来て牧場をやるのが夢だったけど、その夢を実現できないまま亡くなったと、大学に入る頃に母から聞きました。

お兄様（「札幌ドーム」社長の修さん、第925回に登場）からご紹介いただきました♪

札幌西高から北大へ進学、僕は山岳スキー部に入りました。シールを着けて山に登り、人が行かないところを滑るというのがすごく楽しかった。いま振り返ると、そこがどうも自分の出発点のような気がするんです。

自分の前に道はない。自分の後ろに道はできる！

当時、先輩に誘われて「ユートピアをつくろう」と理想郷づくりをやった時期があります。「ひょっとしたらこれが父の夢だったのでは」という思いがありました。周りの同級生は公務員試験や就職試験を受けたりしているのに、私はどこも受けずに、卒業式にも出なかった。いま思えば、卒業式ぐらい出ておけばよかったな（笑）。

もともと先輩は養鶏業をしていて、鶏だけでなく豚も牛も飼い、畑でビートも作り、何でもやって自給自足を目指していました。当時は「70年安保」といわれた学生運動が

盛んな時期で、過激な学生運動家もいたけれど、私はどちらかというともう少し冷静に、大きなロマン、夢を持って「ユートピアをつくろう」と。純粋でしたね。

日高の新冠(にいかっぷ)の山奥の土地を買って「ユートピア・ロッジ」という語らいの場をつくると、いろんな学生が来て、そこで働いているわれわれと毎晩のように酒を飲み交わし……。理想に燃えて頑張ったけど、夢だけではうまくいかなくて4年で挫折。現実の世界に引き戻されました。

その後、居酒屋で店長をしたりしながら「もう一度人生やり直したい」と思ったのが29歳の時。「ゼロからの出発」「中堅幹部募集」という新聞広告に目が留まり、サラリーマン生活も経験しました。

> そんなこともされていたんですね…

実は、これがすごくやりがいがあって楽しかった。スーパーの野菜と果物売り場の主任を任され、きゅうりや大根を売りました。その5年間の経験がいま生きていると感じます。

▶ お菓子屋になったきっかけは、義父が白石区に2階建ての小さなビルを建てたこと。1階のテナントをケーキ屋さんに貸したいと言って、しばらく探したけどなかなか見つからない。そこで「どうしてケーキ屋さんにこだわるの?」と聞いてみたら、「だってケーキ屋さんとかお菓子屋さんって、いい仕事じゃないか。みんな幸せそうでニコニコして、うれしそうに買い物して。あんないい仕事はない」って言うんです。

> 確かにケーキ屋さんって幸せそう

私も「サラリーマンで終わりたくない」と思っていたので、「そんなにいい仕事なら」ということで店をやらせてもらうことになった。それが、32年前に「きのとや」を始めたきっかけです。

> へぇーーー!

▶ おかげさまで好評をいただいている「焼きたてチーズタルト」は、北海道の素材を使って北海道で作っています。

小麦や乳製品もそうですが、砂糖もそう。私のところは全部、道産のビート糖を使っています。日本はサトウキビからの砂糖が多いんですが、北海道はビート糖が主流です。

実はヨーロッパのお菓子のルーツはほとんどがビート糖です。息子が新千歳空港店の店長をしていた頃、そうやって作った「焼きたてチーズタルト」を本当にその場で焼いて、熱いうちに鉄板のままお客様の前に持っていくと、すごく感動していただいて反応がよかった。

それで首都圏でも出したいということで、4店舗ほど出店しました。実は北海道のお菓子屋メーカーは「北海道みやげ」が主力なので、これまで道内での販売にこだわってきましたが、今はアジアのお客様がどんどん北海道に来て、「北海道はお菓子がおいしい」と評判になっています。「地元でもっと食べてみたい」という声も高まっており、今はいい意味での連鎖反応が起きれば素晴らしいと感じています。

父にはパイオニア精神、フロンティア精神がありました。僕は地元の人に「きのとやがあってよかった。あのおいしいお菓子が食べられてよかった。札幌にはきのとやが必要なんだ」といって愛してもらえるような、そんな「きのとや」をつくりたいと思い、ずっと地域に根差してやってきました。これからもその思いを大切に、首都圏、全国、海外へ挑戦していきたいです。

<2015年1月18日◎第932回>

> やっぱり北海道はスイーツ王国なんですね

> 焼きたて最高!

> お菓子がおいしいと観光客が増えますね!

なりたかったワタシ

「ユートピアをつくろう」と熱い思いで集まったという学生たちのお話はまるで映画のよう。「パイオニア精神」とか「フロンティア精神」という言葉も久しぶりに耳にして、すっかりテンションが上がってしまった。やっぱり学生運動の頃に青春を送った人にはかなわないなぁといつも思う。

札幌人図鑑 File No.042

大森由美子 さん

日本茶専門店「大森園」 代表取締役

「この店は自分が継ごう」と心が動いた

おおもり・ゆみこ
1971年札幌市生まれ。北海学園大学経済学部経済学科卒。日本茶インストラクターとして講座や教室も開催。茶道裏千家お稽古中。実はお酒も大好き。

なりたかったワタシ

円山の閑静な住宅街にあるお茶屋さん。「茶箱に入れて育てられた」と笑う大森由美子さんはこの店の3代目です。日本茶は新鮮さが命。「嗜好品だからこそ丁寧にいれて、暮らしに潤いを」と語ります。継ぐつもりのなかった家業を継ぎ、社長となったきっかけを聞きました。

いろんなお仕事をされたそうですね

▶ 高校時代に難病にかかり、20代は寝たきりになるだろうと宣告されていました。その後、入退院を繰り返しはしたのですが、7年かかったものの大学も卒業したし、その後ちゃんと就職もできたし……。後悔のないように「やりたいことは何でもやってみよう!」と思って、生命保険会社からシンガポール航空の客室乗務員（CA）に転職しました。5年間シンガポールに住んで、国際線に乗務していたんですよ。

シンガポール航空のCAって美人ぞろいですよね♡

そういえば1998年に飛行機の機種が新しくなった時、最新のエスプレッソマシンが導入されていろんなコーヒーが飲めるようになったんですけど、そんな中でも日本茶をオーダーしてくださるビジネスクラスのお客様は意外に多くてね。お茶屋の娘としてはうれしかったです。

CAの後、東京の旅行会社で働きました。本当はCA時代にいろんな国の穴場を旅した経験を生かして「なるほど!ザ・ワールド」のレポーターをしたかったんですけど（笑）。

それ、見たかったわぁーー!!笑

⬢ そんな時、創業者の祖母が末期がんで余命宣告を受け、介護のために休職しました。亡くなるまでの1カ月半、自宅で介護をしながらいろんな話を聞くことができました。

　祖母は鉄工所の娘で、かなり裕福な少女時代を過ごしたそうです。嫁いだ先も裕福で、桑園一帯に土地や家屋をたくさん持っていました。

　ところが戦争になり、札幌も危ないという噂が流れます。持っていた住宅を一軒だけ残して、あとはすべて売り払って深川に疎開したそうです。深川では農地を買って小作人を雇って生活していたけど…これ、祖母が言った通りに言いますけど、戦争が終わると農地はタダ同然で取り上げられ、銀行預金も封鎖されて、たくさんあった貯金もわずかしか下ろせなかった。

> 戦後とはいえひどい話です…

　その後札幌に戻るんですが、祖父はなかなか戦争から帰って来ないし、お金もないし、子供も…私の父ですね、まだ小さいし。闇でどぶろくを作ったりして、それはそれは苦労したそうなんです。

　とにかくお金が欲しい、収入を得ることはないかと考えた祖母は、近所にお茶屋さんを見つけてひらめきました。義母がお茶好きで、かつてしょっちゅうおつかいに行かされていた。お茶はみんな好きだし、買ってくれる人も多いんじゃないか。そこでお茶屋さんに「私も売りたいから分けてくれないか」と申し出て、仕入れたお茶を自分で小さく袋詰めして、近所の奥さんに売って歩いたというんです。

> おおー!!

　驚きましたねー。うちのお茶屋は、苦労知らずのお嬢さまだった祖母が、戦後すぐの昭和21年に自分もなんとか収入を得ようと頑張って、細々と始めた商売だったんです。桑園は問屋街で、自宅に「茶」と暖簾(のれん)をかけていたら、偶然静岡のお茶屋さんが通りかかり、それをきっかけに産地から買うようになって、店はだんだん大きくなりました。

なりたかったワタシ

> **ステキな
> おばあさま…**

祖母の介護をする間、こんな苦労話をまだまだたくさん聞きました。でもね、祖母はちっとも大変そうには話さないんです。

懐かしいような、おかしいような……。ニコニコ話してくれたんですね。そして言ったんです。「私ねぇ、自分のお店を持つのが夢だったんだぁ」って。そうか…お店を作るって本当に大変なことなんだなぁって思いましたね。

▶祖母は、私が介護を始めて1カ月半で他界しました。「祖母が起こしたこの店は自分が継ごう」と心が動きまして。会社にはあらためて退職届けを出し、札幌に帰って経営の勉強を始めたんです。うちみたいな昔ながらのお茶屋さんは減っているけど、この形は残したいですね。

> **きっと喜んでくれて
> いますね**

今はペットボトルのお茶の普及で、急須を知らない子供が多くてびっくり。そこで小学生向けのお茶イベント「T－1グランプリ」を開催し、お茶の普及に努めています。お茶には日本ならではの文化があり、おもてなしや気遣いでおいしくいれられるのが魅力です。これからも日本茶のおいしさを広く伝えていきたいですね。

<2015年1月26日◎第940回>

茶箱で育った「箱入り娘」の天真爛漫さは、お祖母さま譲りの育ちの良さだと感じました。そういえば、すし屋の娘だった福津の子供の頃の日課は、お店用のお茶を買いに行くことでした。小さな茶箱を手に、近所のお茶屋さんに入った時のいい香りは忘れられません。

札幌人図鑑 File No.043 沢田愛里さん　デュアスロン・トライアスロン選手

全国大会に行けば父に会える

ラン・バイク・ランのデュアスロン。スイム・バイク・ランのトライアスロン。それぞれに専門的な練習が必要なとても過酷な競技です。札幌にプロ選手として活躍している女性がいると聞き会いに行くと、拍子抜けするほど小柄な女性がニコニコと出迎えてくれました。

さわだ・あいり
1980年帯広市生まれ。デュアスロンでは日本選手権4連覇、アジア選手権5連覇、世界選手権9年連続出場。2016年パワーマン世界ランキング第7位。

▶ 小学校卒業の時に両親が離婚して、母と一緒に埼玉から札幌へ移り住みました。母は愛情深く育ててくれましたが、私は父が大好きでした。私が言うのも何ですが、父はとっても頭がいい人でした。東大を出て、大手企業に勤めて。中学の頃なんて、どうして私は父の頭のいいところが似なかったんだろうと思って悩んだくらい。

その後も父は、習い事や大学進学のお金を出してくれたんですが、その時の約束は「頑張っている姿を見せること」でした。私は父に勉強ではかなわない分、「運動で頑張りたい」と言っていたんです。子供だったので、全国大会に行けば東京にいる父親に会える、レースも見に来てもらえると思って頑張りました。

父の新しい家族は私の存在を知らないので、父に会えるのは全国大会に出られたときだけ。実際、全国大会には父だけはいつも来てくれて、レースのあと、よく一緒に食事をしました。ところが昨年末、父が脳腫瘍で倒れて会場に来られず、人を介してメッセージを受け取りました。「あ

> 中学から札幌だそうですね

> そんなことないのに…

> 健気だなぁ…

なたの努力に感謝します」とありました。実は父は、勉強はできたけど運動ができなかったことがコンプレックスだったみたい。

> お父さんの自慢の娘だったのね

でも日の丸をつけて走る私を見ると、そのコンプレックスがなくなると言っていたと伝え聞き、「あぁ、頑張ってよかった」って思いましたね。

父に頑張る姿を見せたい、欲を言えば父親の前で表彰台に上がりたいと思っていたので、成績を残せないとがっかりでしたが、父は結果じゃなく私の努力を見てくれた。そう感じた時、穏やかな空気が流れたんです。

> スタートラインに立ってるだけでうれしいと思うよ。親ってそんなもんよ

思えばそれまで、なんとか父を振り向かせたいとか、親の離婚なんかに負けちゃいけないとか、負の気持ちをプラスに変えて頑張ってきた人生でした。でもそれからは、自分のため、そして応援してくれる人たちのために、もっと楽しんで練習ができたらいいなぁというふうに気持ちが変わりましたね。

> よかったね…

◯20歳の頃から、家庭教師をしながら遠征費を捻出していました。競技に出るためバイトを休むと、競技代はかかるのにバイト代は止まる。生活は本当に大変でした。自転車やユニフォームをお下がりで調達したり、先輩の車に乗せてもらったり。

> キッツイなぁー

そんな生活が10年続いた頃、いつものように近所の市民プールで練習した帰り、受付でメッセージを受け取りました。「北海道で頑張るあなたを応援したい」と書いてあります。いつもプールで一緒になるオジサンからだったんですが、名刺を見てびっくり！　当時のJR北海道の会長、故坂本真一さんだったんです！

> おおぉーーー！

いつも黙々と泳ぐ私に「頑張ってるね」と気さくに声を掛けてくれました。うれしかったですね。その後、JR北海道とスポンサー契約、新しい自転車も買ってもらい、成績を

残すことが私の仕事になりました。プール仲間からは「ナンパだナンパだ」と冷やかされましてね。出会いがプールで、お互い水着姿でしたから（笑）。

> わはははは

でも、あれがなければ引退を考えていたと思う。今でも本当に感謝しています。北海道の企業に応援してもらって、社員として安心できる環境で練習するのが私の目指した場所でした。今は、札幌に本社を置く中古車買取業「ティーバイティーガレージ」に所属し、デュアスロンのロングディスタンス世界シリーズであるパワーマンを主戦場として、アジア人として唯一、世界を転戦しています。まるで夢みたいな話ですが、10年かかって手に入れたこの経験を、次の世代に伝えたいです。

▶ スイムは市民プールで黙々と、ランは山の手高校男子陸上部の練習に混ぜていただくなど、いろんなスタイルで練習していますが、最近はウインタースポーツの選手と一緒に練習することが増えました。スピードスケートやクロカンスキーの選手など。

> 練習のやり方も工夫したんですね

> 違う競技同士だとナーバスにならなくていいかも！

世界を見てきた選手はやはりすごくて、とても刺激になっています。東京のアスリートからは、北海道ならではの素晴らしい環境だとうらやましがられるんですよ。

10年前、まさかこんな自分になれるとは思っていなかったけれど、この種目で、北海道でやっていけるんだということを、今後は講演活動などを通じて広く伝えていきたいです。

<2015年2月2日◎第947回>

> 20代で苦労しただけに、プロ契約を結んだ時の喜びはいかばかりかと胸が熱くなりました。一生懸命頑張る姿には誰もが心を動かされますね。そして親の存在感です。親の喜ぶ顔が見たい。子供にとってシンプルで一番のモチベーションです。

札幌人図鑑 File No.044

八戸耀生さん
気球で世界の空を飛ぶ写真家

小さい時から空を飛びたかった

はちのへ・あきお
1960年千葉県生まれ。航空写真家。アジアやヨーロッパなど世界の空を気球で飛び撮影する傍ら、写真販売サイト支援システムPShopの開発・提供も行う。

なりたかったワタシ

札幌・藻岩のギャラリーで行われた写真展「八戸耀生の気球からの眺め」では、気球から見た世界各国の風景や、ドーバー海峡を横断する「ゴードンベネットガス気球長距離レース」の様子などが展示されました。気球に向かって手を振る人たちはみんなステキな笑顔！ その魅力とは。

気球と写真、どっちが最初?

▶︎ 僕は小さい時から空を飛びたかった。それは『ニルスのふしぎな旅』という本を読んでからなんです。

主人公のニルスはいたずら好きで、動物をいじめたり悪いことばかりするので、魔法にかけられて小人にされてしまう。小さくなったニルスはガチョウの背中に乗って旅に出る。読み進めると、ニルスが空に舞い上がった時の様子が2、3ページにわたって描かれていました。

子供の想像力で頭の中はスゴイことに…

「水田がキラキラと鏡のように光った」とか「風がすべての木々を揺らして」とか。で、「『水田が鏡のように光る』って一体どういうこと?」と想像するわけです。もしかしたらすごく美しいかもしれないって。そしたら「自分も空を飛んでみたい」という欲求が高まってしまって。

空を飛びたかったから! 笑

中学校2年生の時にスキーで脚の骨を折りましてね。病室のベッドの上でたまたま開いた本に、熱気球が今まさに飛び立たんとしている写真が載っていました。それを見て「あ、これなら自分で作れるかもしれない」と。

えーーーー!

「でっかい袋」を作ったら空を飛べる。使うのはミシンぐ

らいだし、あとは延々と縫っていけばできそうだ、と中学2年生の頭で考えました。2カ月後に退院して、松葉杖を突きながら古本屋を回りました。今のようにインターネットもない時代、調べること自体がすごく大変。古本屋で「気球」と名の付く本をかき集め、後ろに付いた参考文献をまた注文し、資料が集まってきて「よし、作るぞ！」と。まだ気球を見たこともなかったんだけど。

> すごい行動力！

高校に入ると、通学路にあった某大手繊維会社の札幌営業所へ「気球を作りたいので布を売ってください」と日参。最初に対応していただいた営業の方がくれた名刺を、次からは印籠のように出し、「○○さんお願いします」と通い続けて。そのうち支店長が出て来て「東京の本社へ（行きなさい）」と言われたのですぐ行きましたよ。スカイメイトで！（笑）

> きっと相手が高校生だったから…

東京で部長さんに会うと「何十万円にもなるけど、お金は大丈夫かい？」と聞くので、「出世払いでお願いします」ときっぱり。2年後にはアルバイトで完済しました。

> えらいねー！

とにかくこれで作り始めるところまできたので、高校3年生の夏、中古のポータブルミシンを買って、夜な夜なミシンをかけ続けたんです。全部で6百数十枚。一番大きいもので1枚の幅が4メートルありました。

> そんな大作を家庭用ミシンで…

高校生で車の運転ができないので、布をリヤカーに全部積み、小学校や保育園の体育館など広い場所を借りて作業しました。自分の縫った風船の上で仮眠しつつ、ほぼ24時間体制で夏休み中に縫い上げたんです。

> 驚愕…本当に手作りしちゃった！

バルブの調整や燃料系なども備えが必要で、「ちゃんと大空が飛べる」となったのは高校卒業の春。今はパイロットになるにはライセンスが必要だけど、当時はその制度がなかったので「バーナーを炊けば上がる、消せば下がる。じゃあ飛んでみよう」という感じ。

> 操縦はシンプル。でも難しそう…

▶ 初めて飛んだ時は緊張しましたね〜。やっぱり自分の青春時代、時間もお金も全部つぎ込みましたから！ 縫うのを手伝ってくれた友達を横に乗せ、とりあえず飛んでみたんです。

> 本格的に地面から浮いてみた時はどうでした？

バーナーを炊くとズーッと上がって行きます。友達は「八戸君と友達でよかった」なんて涙ぐんでいた。でも僕は「友人を殺したらまずい」とカチンカチン。そこに地面がガーッと近づいてくるのは結構な恐怖で、地面に降りる時の衝撃がどのくらいなのか、全然想像がつかない。もう、怖くて怖くてね。

> 想像を絶する大冒険でしたね

予定より随分長く飛んで、木が迫ってくると「何年もかけて作ってきた物がズタズタに破れてしまうかもしれない」と思い、意を決してドンッと降りてみたら…大して何の衝撃もありませんでした（笑）。今は全部で12機持っています。

> はっ、そうだ。写真の話！

▶ 私の肩書きが「航空写真家」なので、飛行機で高い所から地形などを撮るようなイメージがあるかもしれませんが、このように（写真を指して）地上10〜20メートルくらいからの写真です。

> みんな本当にいい笑顔です！

気球の上から地上の人に手を振ったり、声を掛けたり…飛行機からでは見られない笑顔を交わせるような距離感が好きですね。やっぱり僕は『ニルスのふしぎな旅』が原点なんだなぁ、ってつくづく思うんです。

<2015年2月16日◎第961回>

> 途中、驚きすぎて血管切れそうでしたが、中高生の頃ってやる気になれば何でもできるんだな、意外に大人なんだなと関心しきり。そして、人を動かすのはお金でも肩書きでもない、最後は情熱だと思うのです。子供の頃から持ち続けた八戸さんのまっすぐな情熱に拍手。

札幌人図鑑 File No.045 高田元気さん

体操教室としいたけの販売を手掛ける

本当は 体育教員になりたかった

たかだ・もとき
1979年札幌市出身。「レイズ体操クラブ」「ソレイユの森」「しいたけファクトリー」を経営する株式会社ソレイズ代表取締役社長。

取材で出会ったゲストハウスのオーナーが教えてくれた「しいたけファクトリー」。「しいたけ部長」というキャラクターがなかなかシュールで、文字通りいい味出しているらしい。「すごくおいしい」というしいたけ作りの話を聞きに行ったつもりが、話は意外な展開へ……。

▶うちのスタッフがデザインしてくれたんですが、一度見たら忘れられないでしょう？（笑）原木栽培のしいたけだから、大ぶりでおいしいとほめていただけるようになりました。主に知的障害や精神障害のある方と一緒に、就労継続支援B型としてしいたけ作りをしています。

> しいたけ部長って
> インパクト
> ありますね

高卒の知的障害の子が、親子ほど年の離れた精神障害の人を頼って、やはり頼られる方もうれしいみたいで助け合って仕事していて。そんな姿を見ると、やっぱりうれしくなりますね。僕の運営する体操クラブの体育館の近くで作っているんですよ。

> 体育館…
> あ、ほんとだ。
> ご自分で運営して
> いるんですか？

僕、本当は体育教員になりたかったんですよ。でも倍率が高くて、体操クラブでアルバイトをしながら勉強していました。

▶ある時、南区体育館でトレーニングをしていたら、小学生の男の子4人と遭遇。聞けば、通っていたスポーツクラブがつぶれ、ここで自主練しているとのこと。なんだかかわいそうになって、教えるようになったんです。教えて

いくうちに試合に出してみたくなって「レイズ体操クラブ」を立ち上げました。

マイカーの後ろを改造して体操の機材を積み、公共の体育館を転々と移動して、練習は週4回。生徒も30人に増えました。そうなると自分たちの体育館が欲しくなり、栄町の倉庫を借りた。幼なじみと2人で解体して、内装も全部手作りしました。親から借金して、給料も4万円くらいで頑張りました。今は生徒400人をスタッフ7人で教えています。

> 生徒さんが増えてくると、中には障害のある子もいます。トランポリンやマットの好きな子が多いのですが、やはり一緒にやるには難しい場面も出てきて、この子たちだけで教えてあげたいと思うようになりました。

> すごい！武勇伝!!

そこで、運動療育として専門のスタッフを入れ、児童発達支援「ソレイユの森」を立ち上げたんです。でも子供たちが大きくなってくると、この子たちが大人になってからのことも気にかかるようになりました。それで、障害のある方の就労支援を考えるようになった。しいたけ作りは原木を運んだり水槽に水付けしたり、単純作業が多いので向いていると聞き、「しいたけファクトリー」を作ったんです。

> はっ、そうだった。しいたけの話だった！

レッスンのない昼間の時間帯は、体力に自信のある体

操スタッフも手伝えるし、いい形になってきたと思います。いま野菜も育てています。3年がかりで有機JAS認証を取ったので、体育館の横に直売所も作ろうと思って。裏の畑は1町（約1ヘクタール）あるので楽しみです。

<2015年2月21日◎第966回>

　子供の頃、なりたかった職業に就けた人は素晴らしいけれど、多くの人は違うと思います。髙田さんは体育教員にはなれなかったけれど、多くの子供たちに体操の素晴らしさなどたくさんのことを教えていて、立派に夢をかなえたのだと感じました。一番最初に教えた小学生が今は大きくなり、一緒にスタッフとして働いていると聞き、うれしくなりました。

札幌人図鑑 File No.046 遠藤香織さん ママで医者で研究員

ロールモデルを探し原付で日本一周

えんどう・かおり
1981年函館市生まれ。整形外科医、北海道女性医師の会理事、医工学研究者（秋葉系）。女性支援、過労死のない医療環境づくりなどで幅広く活動する。

整形外科医として勤務しながら、北大工学部の大学院で研究を続ける。加えて、北海道女性医師の会の理事のほか、性暴力被害者支援のNPO「SACRACH（さくらこ）」を立ち上げたり。おまけに子育て真最中のママでもある。札幌を代表する（?）理系女が、生後9カ月のご長男と登場です！

いろんな活動をされていますね

▶ 私は大学時代、「こんな医者になりたい」とイメージできるようなロールモデルが欲しかったんですが、実際に会ってみないと分からないと思って、原付バイクに乗っていろんなお医者さんを見に行きました。あの町に面白いお医者さんがいると聞けば、全国どこへでも会いに行くという…札幌人図鑑みたいなことをしていたんです（笑）。

**本当だ！
いやもっとスゴい！**

病院や診療所、ハンセン病の療養所とか、特殊なところも含めて300軒くらい。所持金5万円で、お金が尽きたらアルバイトをして、1万円稼いだらまた旅をする…みたいな。寝袋に入って野宿したことも、転んで危ない目にあったこともあるけれど、先生たちがごちそうしてくれたり、当直室を貸してくれたり、とても優しくしていただきました。

**女の子が一人で…
勇気があるなぁー**

けれどもある日、そうやって出会った中で私がとても尊敬していた先生が亡くなった。最高裁まで行って、過労死で決着のついた小児科医の中原利郎先生です。今は医師

不足・看護師不足が問題にされますが、真面目な人が馬鹿を見るようなことがあってはいけない。このことをきっかけに、医療環境を良くしたいと考えるようになりました。

> 素晴らしい先生だったんですね…

医学生の頃、医療福祉系の学生で集まって団体を作り、医療について真面目に意見をぶつけ合い、その後は懇親会でパーッと盛り上がるということを繰り返していました。仲良くなるほど勉強のモチベーションも上がります。いろいろ議論をする中で、例えば「過労」という問題一つとっても、医療現場だけの問題ではないので、他の分野の人の話も聞きたくなります。

> 確かにそうですね

そこでもっとジャンルの幅を広げた団体を立ち上げ、情報交換を繰り返すうち、医療と他のジャンルをつなぐ役割ができる人がいれば、もっと社会にメリットがあるんだろうな、最終的には患者さんにメリットがあるんだろうな、と考えるようになりました。例えば、性暴力被害者支援センター北海道「SACRACH（さくらこ）」を北海道女性医師の会で立ち上げています。性暴力被害を受けているような女性、または女の子…例えば5歳、7歳の子供もいます。

> そんな小さな子も!?

そんな子たちをバックアップするには、医療だけではなく法的な支援をしなくてはいけない。教育現場でもバックアップしなければいけない。ネットワークの重要性をつくづく感じています。

▶ 仕事をしていると、何かのトップになりたいとか、教授になりたいとかいう人もいると思うんですが、私はどちらかというと、ポジションよりみんなで仲良くやって、みんなで上手くいったらいいなというコンセプトで働いています。

いま工学部の研究者もやっていますが、本来、業績が誰のものになるかは結構重要だったりします。でも私は、例えば医療のテーマであっても工学部にメリットがあるように調整したり、企業と一緒に製品を作ったら、その企業に

なりたかったワタシ

メリットがあるようにバックアップします。

私がそのように動くことで、より大きな成果につながることの方がよっぽど重要なんです。

> おおー、そこまで!

偏見かもしれませんが、男性は自分の成長の方が優先順位が高い人が多いけれど、私たちはどちらかというと、子供が重要だったり家庭が重要だったり。さらに、周りを見て和を乱さず協調するということに視点が行きやすい。だから、女性がいると組織が安定すると思います。

> ですよねですよね

▶ 整形外科の専門医としては働き始めたばかりです。子育てしながらなので、時間の管理がいちばん大変。ただ、大学院のうちに子育てしたいという思いは最初からありました。外科系の医者は手を動かしてなんぼなのですが、私は2浪しているので、卒業したら26歳なんですよ〜（笑）。でも、子供は医学的出産適齢期の35歳までに産みたい。そうなると、逆算して行動しないとなかなか子供も産めないし、キャリアも積めないわけです。

> さすがお医者さん!

今は研究と育児、時々外来という感じで臨床を続けています。いつかアメリカに留学して、自分の研究が通用するか試してみたい。できればそれまでにもう1人出産し、育児を一段落させたいですね。

> うひゃ〜〜〜

でも、今までロールモデルになる女医さんとたくさん触れ合う機会があったので、不安はありません。やっぱり最初に原付で日本一周したのはムダではなかったかな〜。

<2015年3月10日◎第983回>

自分のロールモデルを探して日本中を旅したという遠藤さん。彼女こそ、これから女医さんを目指す女学生たちの、いや、どんな職業の女性にとってもステキなロールモデルですね。バリバリのリケジョも、しなやかに、女性ならではの「得意」を生かす働き方をしていることに、大いに共感しました。

▶「研究者図鑑」はかなりの力仕事だったらしい。そりゃそうですね。何しろ相手はさまざまな分野の専門家である研究者ばかり。人選も大切、忙しい先生相手に取材のスケジューリングも困難を極めるでしょう。研究内容を把握するにも時間がかかる。

加えて「研究者図鑑」の大きな特徴は、日本全国を飛び回って取材していたこと。私が初めて見た時の印象も「昨日は仙台、今日は名古屋…次は沖縄!?」という感じ。このNIPIOくんというニコニコした青年は、なぜ軽々とこんなことができるのだろう。

不思議でしょうがなかった。聞けば彼には、サポートのスタッフが2人付いていたらしい。取材が終われば編集・掲載作業が待っています。機材の性能もインターネットの速度も、今とは比べ物にならないほど低い時代。だから、300人達成への道のりは本当に険しいものでした。

フクツの人々 ❸

妄想大爆発で見切り発車

「札幌人図鑑」がスタートする際、彼が心配したのは「本当に一人で大丈夫?」ということでした。カメラとPC持参で一人で取材に行くのはNIPIOくんと同じスタイル。でも私は札幌市内の移動ばかりなので、飛行機や宿の手配はいらない。編集も慣れればサクサクできるだろう。

あとは人選……。NIPIOくんが一番心配してくれたのも、この人選についてでした。そこで、ラジオ時代にゲストにお迎えした中で、取材したいと思うステキな札幌人の名前を紙に書き出してみました。すると、何も見ないで思い浮かんだ名前が200人。あとでブログでも見ながらゆっくり思い出せば365人にはなるだろう。そこからは新しい出会いや紹介で、どんどんつなげていけるに違いない。妄想はどんどん膨らみます。

出演者が300人になったら認知度も上がり、各メディアが注目しはじめるだろう。500人を超えたら「私も出たい」「どうしたら出られるの?」と話題になり、800人を超えるころには「あの方もこの方も出てる。あなた、まだ出てないの?」なんて話になる。で、1000人達成できたらこのアーカイブは「札幌の財産」となり、他のインタビューサイトとは別格の位置づけになるに違いない!

…こんな妄想大爆発で、「3年がかり、1000日で1000人のインタビューをする」ことを公約に掲げた「札幌人図鑑」は2012年5月、ニヤニヤしながら見切り発車したのでした。

▶札幌人図鑑でインパクトがあるのは、取材した内容そのものよりむしろ、人選から始まり撮影・編集・掲載に至るまですべて一人でこなす取材スタイルと、「1年365日毎日更新」というルールでした。これ、どんな人からも「本当なの?」と聞かれ、「なぜそんな大変なことを……」と突っ込まれてきました。

　札幌人図鑑がこの更新スタイルを採用したのは、前出の「研究者図鑑」がそうだったからです。実際、私も初めて見た時のインパクトは相当なもので、「これができれば話題になりそう」というちょっとした遊び心もありました。

　「大変そう」とは思ったけれど、アーカイブを作るとなれば50人100人じゃないだろう。1000人を目標にするなら、毎日一人という「お決まり」があるくらいでちょうどいい。そう考えて、毎日コツコツ更新しました。

　そして500回を超えた頃、師匠のNIPIOくんに、この「1年365日毎日更新」について訊ねる機会があったんです。答えは衝撃的なものでした。

　もともと研究者図鑑は、研究者の話を異分野の人にも分かりやすく伝えるという科学コミュニケーションの手段の一つとして誕生したらしい。しかし僕らは逆立ちしたって「プロジェクトX」より素晴らしいものは作れない。そこで上司が「質でかなわなければ数のインパクトで勝負だ!　365日毎日更新、1日でも休んだら即クビ!」と言い出し、NIPIOくんはうっかり「面白そう!　やります!」と言ってしまった。そこから地獄の1年が始まったそうな。

　質でかなわなければ量で勝負。みんなにインパクトを与えた「毎日更新」が、そんな開き直ったふざけたノリで誕生したとは……。関西っぽいっちゃ関西っぽいけど…ここだけの話にしてくださいね。

▶ちなみに、札幌人図鑑のキャッチコピー「漢方型メディア」も、研究者図鑑でうたっていた言葉です。漢方薬のようにじわじわ効いてくるイメージ。出演したからといって業界を震撼させることも、店の前に行列を作ることもできませんが、時間をかけてじわじわ話題になるところは、まさに漢方型メディアだなぁと感じています。

3章 つながりたかったワタシ

- 047 大宮和幸さん(銭湯を地域交流の場に。豊平区・美園湯3代目オーナー)
- 048 木村昭市さん(お食事処「膳楽」店主)
- 049 澤井玄さん(主夫兼考古学者)
- 050 橋本信夫さん(札幌彫刻美術館友の会会長)
- 051 後藤一機さん(「一せー代ー代時代組」リーダー)
- 052 深津修一さん(株式会社プリズム代表取締役会長)
- 053 山田いずみさん(女子スキージャンプの世界を切り開く)
- 054 渡辺哲朗さん(ヘアドネーションに取り組む美容室オーナー)
- 055 山本亜紀子さん(主婦目線で商品開発をアドバイス。エルアイズ代表取締役)
- 056 阿部晋也さん(丸吉日新堂印刷代表取締役社長)
- 057 ディリップ・シュナールさん(TEDxSapporo設立者・アドバイザー)
- 058 中島聖子さん(子育てサークル「enjoy育児☆ニコニコ会」代表)
- 059 横内龍三さん(北洋銀行会長)
- 060 福井俊さん(学生サークル「札幌医ゼミに行く会"すずらん"」代表)
- 061 中川美智代さん(乳がん患者会「ピンクダイヤ」代表)
- 062 志堅原郁子さん(DV防止教育に取り組む「NPOピーチハウス」ファシリテーター)
- 063 大灘めぐみさん(一般社団法人めぐみの樹代表理事)
- 064 髙倉嗣昌さん(公益財団法人ふきのとう文庫代表理事)
- 065 吉岡宏高さん(NPO法人炭鉱の記憶推進事業団理事長)
- 066 畠中秀幸さん(建築設計・音楽企画事務所「スタジオ・シンフォニカ」代表)
- 067 岡本卓也さん(北海道ユースミーティング実行委員長)
- 068 NOBIさん(ライブハウスG-HIPオーナー)
- 069 土畠智幸さん(医療法人稲生会理事長・生涯医療クリニックさっぽろ院長)
- 070 室城信之さん(北海道警察本部長)

札幌人図鑑 File No.047 大宮和幸さん

銭湯を地域交流の場に。
豊平区・美園湯3代目オーナー

手作りで地域の「場」作り

おおみや・かずゆき
1957年北海道奈井江町生まれ。大学で建築工学を学び、建設会社やハウスメーカーを経て1992年美園湯を継ぐ。民生委員、消防団など町内会活動にも汗を流す。

つながりたかったワタシ

銭湯の脱衣所で開催している子育てサロン「めんこちゃん広場」がにぎわっていると聞き、豊平区の美園湯へ。入口をくぐると、カウンターではなく昔ながらの番台。一度は座ってみたかった憧れの番台に無理やり2人で入って話す姿は、掲載当時話題になりました。

> 銭湯で
> 子育てサロン
> だなんて、斬新！

▶ 僕はここの3代目なんですが、もともと高齢者向けの「場」作りの助成金が出るということで、地域の民生委員もやっていた父が手を挙げたんです。残念ながら外れちゃって、悔しくてね。でもこれはいいことなんだから、自分でお金を出して手作りでやってみようということになりました。

前職で建築に覚えがあったので、僕が設計図を書いて、父と、義理の父の3人で（笑）、定休日の前日深夜から丸1日で一気に工事しました。男湯と女湯の仕切りを壊し、可動式のロッカーにリフォームしたんです。男湯と女湯の脱衣所をつなげると（ガラガラ…と動かして）、ほらね、結構な広間になるでしょ！

> 男湯と女湯の
> 間仕切りが動く？
> おおーー
> すごいすごい‼

それで、お年寄りにお風呂に来てもらってご飯食べたり、異業種交流会をしてお風呂に入ったり、まぁそんな風に地域の交流の場として使ってたんです。するといい場所ができたっていうんで、2005年から地域の子育てサロンでも使うようになりました。「美園めんこちゃん広場」っていい

ます。

　子育てサロンを開くとなると、オモチャやら何やら道具が多いんです。それじゃあ置き場所を作ろうということで、男湯の壁側の上のスペースに目隠しを作って、クリアケースを並べられるようにしました。

> 結構なスペースが確保できましたね

　まぁ通常は風呂屋なんで、できるだけ物を下に置きたくないし、ホコリが入ってもダメだしね。だからなるべく上に上にということで、休みを4日使って。もうね、全部手作り！おかげで荷物をたくさんしまえます。これをしないと、お母さんたちが毎回大荷物を運ばないといけなくなっちゃう。そんなの大変だからね。

> 子連れで動くだけで大変ですもの…

▶ 最近は銭湯で子供の姿はほとんど見なくなっちゃいましたね。そういえば何年か前に、小学校3年生くらいからいつも一人で来て一人で帰って行く女の子がいたんですけど、来るたびによそのおばあちゃん全員の背中を流してあげてたんですよ。とても大人しい子だったんだけど、皆さんが「ありがとね」ってお礼を言うでしょ。そうするとうれしそうに、にこーっと笑うんです。いま思えば、普通なら友達と遊んでるような時間だったから、その女の子の居場所になっていたのかもしれないね。

> 銭湯好きな子供が増えるといいですね

　銭湯は子供にとっていい場所なんです。家風呂ではで

きないこともたくさん経験できます。親子3世代で来て、公衆浴場のマナーから社会性がさりげなく身に付く。これからもそういう場所でありたいと思います。

▶お客さんの8割は高齢者なんですが、この辺りも一人暮らしの人が多くてね。一人じゃ風呂の支度もおっくうだなんて言って通ってくれています。でもみんな楽しそうです。もう、わいわい来ます。毎日が女子会みたいなもんですよ。

> あー、分かるわー。うらやましいなぁー

うちは午後2時に開けてるんですが、時間前に、もう外におばあちゃんたちがたくさん並んでいます。だからいつも、ちょっと早めに開けてます。なんだか、だんだん早くなっちゃって(笑)。

銭湯は昔から地域の社交場です。銭湯って、そういう場所なんです。最近行ってないなぁという方は、今度の休みの日でも家族みんなで行って欲しい。郊外の大型店もいいけど、ツッカケ履いて近所の銭湯であったまるのもいいもんですよ。

<2012年5月10日◎第10回>

> 取材の後、ある小学校のオヤジの会の人から、この動画を見て銭湯のマナー講習会を開いたと聞きました。「なんも、子供ら連れて銭湯に行っただけだ」と笑っていましたが、ちょっとしたイベントとして盛り上がったらしい。子供たちのために、年に1度の遊園地より月に1度の銭湯通いを!

札幌人図鑑 File No.048 | 木村昭市さん　お食事処「膳楽」店主

ゲン担ぎのカツ丼は勝利の合言葉

　定食から丼物、麺類などたくさんのメニューが並ぶ地域に根差したお食事処。月寒体育館の近くで商売を始め、以来ずっとこの地に。地元高校の運動部員がゲン担ぎにカツ丼を食べに来るという名物食堂です。

きむら・しょういち
1960年札幌市生まれ。普通の食事を気軽に食べてもらいたいと願い、地元月寒の町内会、商店街の活動にも積極的に参加する。

つながりたかったワタシ

大将のお父さんは競輪選手だったんですよね?

▶ そうなんです。選手を辞めてから食堂を出したんですけど、やっぱり仲間が来てくれるからこの場所で店を出して。以来ずっとこの地域で暮らしています。今は知らない人も多いけど、昔は月寒体育館は競輪場でね。昭和38年になくなったんですが、はじめはバンクを生かしたスケート場でした。だから営業は冬だけで、夏は何もしていなかった。今のような通年のスケートリンクになったのは札幌オリンピックの2年前です。

　最初に店を出したのはこの場所のすぐ近く。地下鉄開通で立ち退きになり、僕も経理の学校を出て勤めていたんですが、母親の働く場所を作ってあげたくて、僕たち夫婦と母親と3人でまた食堂を開こうと、以前の店の近くに店を出して、もう18年になります。

お父さんはどんな方でしたか?

▶ 大男じゃなかったけれど、とにかく太ももが太かった! まぁ、競輪選手ですから当然なんですが。そして優しい人でしたね。

　僕の家は学校から近いもんだから、高校時代はたまり場になっちゃって。友達のバイクが家の前にずらっと並ぶ

でしょ。すると、目の前にある交番のお巡りさんが、何か悪いことしてないかって不審がるわけです。でもうちの父親が、「悪いことなんてしてない、いい子ばかりだから」ってとりなしてくれたり。ほら、食堂やってるから、いつも出前に行ってたりして、仲良くしてたから（笑）。

> 昭市さんは競輪選手になりたくはなかった？

僕は子供の頃、なかなか自転車に乗らせてもらえなかったんです。友達はみーんな乗ってるのに、僕だけダメだった。小学校高学年まで乗せてもらえなかったです。遅いでしょ？

父親は、自転車は危ないからって。落車して半身不随になった友人がいたからかもしれない。競輪仲間からは、息子が大きくなったら（競輪場がある）函館に預けろとよく言われていました。競輪選手の息子はやっぱり競輪選手になる人が多くて。僕も函館に住んでいたらやっていたかもしれない。

> お店には運動部の学生がゲンを担ぎに来ると聞きます

▶ 近くの月寒高校ハンドボール部の女子は大会前に必ず来ますね。先輩から代々受け継がれているらしく、「カッツどん♪」て声を合わせて丼で乾杯して。かわいいの！

他にも、バスケ、バレー、テニス…あれ？　女の子が多いなぁ。とにかく運動部の子はたくさん来ます。高校生は裏切らない！（笑）

つながりたかったワタシ

僕自身は札幌第一高校のOBです。店を開いてから3回甲子園に行きましたが、3回ともレギュラー全員呼んでカツ丼をごちそうしたんですよ。

<2012年9月23日◎第146回>

つながりたかったワタシ

　取材中も、地域の商店街の人が入れ替わり立ち替わり食事に来ました。盆踊りやら夏祭りやら、商店街は行事でいっぱい。人や情報の集まる場所においしい食堂があれば、元気な笑顔も集まりますね。

札幌人図鑑 File No.049

澤井玄さん 主夫兼考古学者

PTA活動で未知の価値観に出合う

さわい・げん
1964年根室市生まれ。北海学園大など札幌周辺の5つの大学の非常勤講師と主夫業を両立。専門の考古学からボランティアシップ、PTA活動まで幅広くカバー。

つながりたかったワタシ

大学の非常勤講師として考古学などを教えている。人間が行動した痕跡を探す学問を通して、学生たちにさまざまなものの見方や、一つではない価値観の存在を示す。サラリーマン→学生→PTA役員という経験から見つけた3つの価値観についてのお話。

マンモスの化石がご専門?

▶それは古生物学ですね。私の専門は考古学なので、人間が行動した痕跡を探す学問です。東京の大学を出た後、大学院へ進みたかったけど、家庭の事情で断念。札幌に戻って就職しました。なのに、結婚して家を建て、子供ができた途端に東京へ転勤。妻は高校教員ですので、仕方なく単身赴任。朝はパン、昼夜はコンビニ弁当で連日残業をしていたら、体調を崩して倒れてしまった。

仕事を休んでいる間、いろいろ考えたわけです。勤めている職場は転勤が多い。今度はいつ札幌へ帰れるか分からない。妻は乳飲み子をかかえて仕事もしている。このままでは家族はバラバラになってしまう。じゃあ、職場を辞めて「主夫」になろう、と。妻も賛成してくれたので、札幌に帰りました。

おおー!思い切りましたね

▶すると、職場を辞めた翌年から北大が社会人大学院生を募集しはじめ、受験したら受かっちゃった! 35歳にして大学院生になりました。

実はそこで最初のカルチャーショックを受けたんです。

それまで私はサラリーマンとして、いかに少ない労力で最大の効果を生むか、効率重視の環境で十数年生きてきました。ところが大学院では、研究を一歩進めるためならどんな努力も、時間も手間も惜しまない。「こんな効率の悪いこと、企業ならありえない」と最初は驚いたけど、学問の世界ではこうなんだと。そんな大学院に2年間籍を置いて修士号を取った後、タイミングよく北海学園大で非常勤講師として勤めることになりました。

> ラッキー！ なんかついてますねぇ

▶ そうこうするうち、子供が小学校に入学しました。妻はフルタイム勤務ですので、参観日やPTAの集まりも、主夫である私が行くことにしました。最初の家庭訪問の時、担任の先生が「PTAの学級代表が決まらなくて困っている」とこぼすので、つい「誰もいなかったらやりますよ」と言ったんです。するとすぐに電話がかかってきた。「やる」と言った手前引っ込みがつかなくて、引き受けることにしました。

> やっぱり…笑

PTAの運営委員会に行ったら、会長さんと私以外はみんな女性。ここで2つ目のカルチャーショックを受けました。1つのことを決めるのに、なぜか話は右へ左へ、時には後戻りしてなかなか前に進まない。とにかく時間がかかるんです。企業社会の論理は通じない、大学の「論理的推定」も通じない…未知の価値観との出合いでした。

> わはははは

はじめのころは「こうやったらもっと効率よく会議や作業も進むんじゃないですか？」といくつか提案もしたけど、なかなか受け入れられない。最初の1年はイライラして過ごしました。どうやら私は、PTA活動に企業の論理を持ち込もうとしていたんですね。

でも、だんだん分かってきたんです。たしかに効率は悪いけど、この時間も大切なんだって。話があちこち行く中で、みなさん同士のつながりが深まっていったり、自分の子の

つながりたかったワタシ

外での様子が知れたり、先生と話がしやすくなったり……。

企業や研究は目的が大事ですが、お母さんたちはそれもあるけれど、横のつながりが大事なんだと……。

> そう！
> そうなんですよ！

当時のPTA会長さんは男性でしたが、そこをよく分かっていて、聞き役に徹していましたね。これがお母さんたちの大事なコミュニケーションスタイルなんだなぁ、と私も知ったわけです。子供が小学2年生になる時、副会長をやってくれと言われ、乗りかかった船なので、ええ、お引き受けしましたよ。

学生にはさまざまな価値観について、折に触れ話しています。固定概念を持たず、多様な価値観を楽しめる社会人になってほしいと願っています。

＜2012年10月13日◎第166回＞

> 私もPTA役員をやっていたことがあるので、運営委員会のくだりは、もう情景が目に浮かんで恥ずかしいやら申し訳ないやら。しかしそんな状況で「これも大切」と見極める澤井さんの鋭い分析力と優しさに、頭の下がる思いでした。こういう目線の男性が増えたら、社会はもっと優しくなるのになぁ。

札幌人図鑑 File No.050 橋本信夫さん 札幌彫刻美術館友の会会長

彫刻の戸籍づくりで札幌の魅力高めたい

古い話で恐縮ですが、少女漫画雑誌「花とゆめ」に連載された「動物のお医者さん」のモデルがこの方。当時、この漫画のおかげで北大獣医学部の志願者が爆発的に増えたという伝説も。退職後は、彫刻清掃のボランティアに熱心に取り組んでいます。

はしもと・のぶお
1932年北海道岩内町生まれ。札幌医大、ニューヨーク血液センター研究員を経て北大獣医学部教授に。退職後、「街なかの美を守ろう」運動などを推進。

つながりたかったワタシ

活動のきっかけは?

▶札幌市は全国の観光地から「彫刻の似合う街」と評価されているのをご存知ですか? 大通公園や中島公園を歩くと、美しい彫刻がたくさん設置されています。そんな素晴らしい彫刻が、ハトのフンや車の排気ガスで汚れてしまっている。この情けない状況をなんとかしたかったんです。

公園の彫刻の管理は札幌市です。掃除をするには許可が必要。でも管理窓口が10以上もあって、一般市民にとっては許可を得るだけでも一苦労。それでも、この惨めな状況をなんとかしたい一心で、清掃の仕方を勉強した上で札幌市にお願いしたんです。そしたら文化部に許可の窓口を作ってくれました。

縦割り行政の割に…いや失敬、良かったですね!

本当に良かったです。年間のスケジュール調整にも応じてくださり、とてもやりやすくなった。このことで、市民が文化財の存在や保全を身近に考えられるようになったと思っています。

▶活動を始めて7〜8年経ちました。最初の頃は、亀

の子タワシやデッキブラシ、細かなところは歯ブラシも使って、水をかけて洗剤で隅々まで掃除をしました。ゴシゴシと音が聞こえるくらい磨くと気持ちがいいし、達成感もある。しかしだんだん、千年も2千年も長持ちするブロンズ像のような美術品を、こういう手入れの仕方でいいのかと思い始めて……。ゴシゴシやって、表面の微妙な色具合なんかを傷つけることがあっては元も子もないですから。そこで、材質についてさらによく調べ、合理的なやり方を経験的に見つけていきました。

今は、柔らかいスポンジや水雑巾で時間をかけて優しく優しく洗っています。「ゴシゴシ」じゃなくて「なでなで」。この「なでなで」が大事なんですよ。

> なでなで
> 優しく大切に

水バケツと雑巾があれば誰でも参加できます。会員の中には、お孫さんも連れてきて一緒になでなでする人も。お盆の墓参りみたいに、みんなで草取りして水で洗って雑巾できれいにしながら、街の歴史や彫刻の成り立ちをおしゃべりして。そうやってなんとなく子供たちにも代々伝わるというのが、郷土史の中で作品が生かされていくことだと思うんです。

> ほんとだ!
> お墓参りみたい

▶ いま、ウェブ上にパブリックアートの美術館を開設しようと準備中です。「札幌デジタル彫刻美術館構想」と名付けました。作品には、いつ・誰が・どういう風に作り・どう設置したのかという記録と解説が必要です。実は会員の一人が、北海道の野外彫刻に戸籍がないことに気づき、定年退職後に、奥さんと一緒に車に乗って調査をしました。

道内に 2500 ほどあるうちの 98 パーセントを 25 年かけて調査。その記録を委託され、友の会の仲間がパソコン入力し、データベース化しています。

> おおお―――!

写真をスキャナーで読み込みながら、手書きの情報を入力するっていうのは大変な作業。そこでまず、札幌にあ

る400〜500の野外彫刻データを検索したり、管理するところから始めました。ちょうど国土地理院の地図が市民に開放されたので、このデータベースを基にした地図コンテンツを作ってるんです。(現在はグーグル・マップで制作)

> 札幌だけでも大変な作業だなぁ

　これが完成すれば、観光資源や郷土史をひもとくものになり、美術教育の基礎資料として誰もが利用できることになります。「屋根のない美術館コレクション」として付加価値の高いものにしたいのです。

　観光って、「食や温泉や遊びがいいよ」は当たり前。そこにローカルな郷土史と芸術作品が加われば、観光地としてのポテンシャルが高まると思いませんか？　北海道の彫刻に戸籍がないというのは道産子として屈辱的。知的でパソコンスキルが高く、余暇にも恵まれた仲間がたくさんいるので、早く実現したいと思っています。「なでなで」の副産物は巨大ですよ！

<2012年11月5日◎第189回>

取材の日は、大通公園西3丁目にある「石川啄木像歌碑」の清掃日でした。「最初は右手にトウモロコシを持たせる構想だった」という解説にふむふむ。きれいに拭き取った後、ワックスもかけてピッカピカ。楽しくて気持ちのよい市民活動を通して、大通公園がもっと好きになりました。

札幌人図鑑 File No.051

後藤一機さん 「一世一代時代組」リーダー

本気のゴミ拾いで夢を広げる

ごとう・いっき
リーダーを務める路上パフォーマンス集団「一世一代時代組」は2007年から北海道を拠点に活動。東京にも支部を置き、渋谷などでパフォーマンスを行う。

つながりたかったワタシ

　デニムの着流しを身にまとい、足元はブーツ。「成敗！」と叫びながら街のゴミを拾う姿がとにかく目立つイケメン5人組。2008年の北海道洞爺湖サミットの時、札幌から洞爺湖までゴミを拾い歩いたことも話題に。パフォーマー集団「一世一代時代組」リーダーの後藤一機さんです。

とにかくファッションが目を引きます！

▶ 龍馬みたいな格好で、籠を背負って札幌のマチナカでゴミ拾いを始めて6年になります。街を歩いてゴミを見つけると「なに奴？」と構え、火挟で殺陣をしながら「成敗！」と背中の籠にゴミを入れる。これですね、ゴミを成敗していると勘違いされるんですが、僕らはゴミを捨ててしまった人のモラルのない「心」を成敗しているんです。罪を憎んで人を憎まず、みたいにね（笑）。

そうだったんだ…札幌とのご縁は？

　僕を含めて、メンバーには誰も道内出身者がいません。札幌との縁は話せば長いよ（笑）。

　福津さん、昔タケノコ族って流行ったでしょ？　あの頃、原宿・竹下通りの歩行者天国が僕の青春だったんです。それで、人垣を作るにはどうすればいいだろうと考えて。人を集めるには火事かケンカだ。火事はまずい。でもケンカはどうだ？　ということで、ホコ天で男たちがケンカを始め、人垣ができてきたら踊り出して、ウエストサイドストーリーみたいな展開になるというパフォーマンスをしていました。

今でいうフラッシュモブみたいな？

週末ごとに仲間が集まって、歌ったり踊ったり。本当に楽しかった。でも原宿のホコ天はあれだけ有名になったのに、ある時から僕らは閉め出された。理由を覚えていますか？ あれ、ゴミ問題なんです。

大勢の若者がお祭り騒ぎをした後は、ゴミの山でした。ホコ天はもともと道路なので、時間になったら車が走ってきます。なのにバンド演奏が終わらない、ゴミも残っている。地域住民が怒って、歩行者天国を中止にしました。若者たちが作り上げたものを、若者たちが壊してしまったんです。

びっくり！
知りませんでした

僕らは慌てて地域に働きかけたり署名を集めたり、いろいろ動いて再開を望んだけど、かなわなかった。悔しかったですね。それで、いつか日本のどこかに、あのホコ天を復活させたいという夢を持ちました。いまマチナカでゴミを拾っているのもこのためです。

▶当時僕は映画専門学校でアクションを教えていたのですが、ヤンキー先生こと義家弘介さんとテレビ番組でご一緒していました。それで一度、先生が命がけで生徒さんと過ごしたという北星学園余市高校を見てみたいと思って、初めて北海道に来たんです。で、帰りに札幌へ立ち寄った時に見つけてしまったのが大通公園。若者が音楽をやっ

たりダンスをしたりしていた。ひと目見て「ここにあるじゃん！」と思いました。ここを僕たちの「竹下通り」にしたいって…本気で思っちゃったんですね。

> わぁうれしい！

最初は自分一人で来るつもりだったんですが、学校で学生に話してみたんです。僕が教えていた俳優課の学生の何人かが「俺も行く！」って。何のツテも保証もないから断ったんですが、ついてきちゃって。で、男5人での共同生活が始まったわけです。

> 先生のお人柄ですねぇ～

もともと殺陣は授業でもやっていたので自信がある。大通公園でパフォーマンスをすると、すぐに人垣ができました。それから、札幌市のゴミ大使に任命されたり、ゴミ圧縮機会社のイメージキャラクターにしていただいたり、メディアで取り上げてもらうことも増えました。

> ゴミつながりでどんどん行きましょう

▶ 今は舞台中心で生活しています。クドイ・クサイ・アツイの3拍子そろった舞台なので、体調を整えて観にきてください（笑）。シンプルで分かりやすいストーリーと、満載アクションが自慢です。着流しで殺陣をするというこのスタイルは台詞がなくても伝わると思うので、夢は海外公演です。いつか「札幌の劇団の一世一代時代組が海外で……」と話題になったら、北海道の皆さんは喜んでくれるかなあ。

<2012年11月17日◎第201回>

時代組のメンバーはみんな男前でカッコイイけど、取材後に印象に残ったのは、彼らのまっすぐな瞳と男気です。これって、熱い男・後藤さんから受け継がれたものだったんですね。若い頃、心から尊敬できる大人と出会えたことは、自分の行動を変える大きな力になりますね。

札幌人図鑑 File No.052 深津修一さん
株式会社プリズム 代表取締役会長

わくわくドキドキしていたい

大地康雄さん主演の映画「じんじん」のゼネラルプロデューサー深津修一さんに、公開間近というタイミングでインタビュー。プロジェクションマッピングもまだよく知らなかった頃、映像の最先端の会社が札幌にあると聞き、会いに行きました。

ふかつ・しゅういち
1954年生まれ。プリズム社はプロジェクションマッピングや、ドーム型テントを使った全天周映像など最先端のデジタル映像表現が国内外で高い評価を得ている。

すごい映像を作る会社だとうかがいました

▶ 今うちの会社で一番多い仕事は、企業系のセールスプロモーションですね。例えば新車発表の会場で映像を展開してショーアップするとか、コンサートの背景映像とか。機材やコンテンツ、オペレーションも含めて提供しています。

サッポロ・シティ・ジャズの「ホワイトロック」もうちですよ。ドーム型の会場の壁をスクリーンにして、音楽と映像と料理を提供します。映像を投影しているのは世界で最先端のシステム。こだわりは、他にはないオリジナルで勝負すること。ワクワクドキドキしていたいんです。

出身は愛知県。北海道との縁は大学進学でした。北大の恵迪寮に入りたくて。今は建て替えてきれいになったけど、僕が憧れたのは昭和6年に移築開設したボロボロの2代目寮のほう。中にいる人間もいろいろで面白かった。

楽しすぎて試験以外は授業もほとんど受けず、卒論も出さないズッコケ学生でした。東京の映像会社から内定をもらい、荷物も全部送っていざ行こうとしたら、突然採用拒

否の連絡が来たこともありました。本当にショックでショックで。全く記憶のない空白の時間があるぐらい。僕ね、何か新しいことに踏み出そうとすると必ずコケるんですよ。

● 仕事を始めてからもそうです。ゆずのコンサートの制作会社の社長から「アリーナツアーをする時に、世界で一番明るいプロジェクターを使いたい」と声が掛かった時のこと。当時で3千万円する最新プロジェクターがあって、それを「まず見てみたい」っていうんですね。そのためには広い会場が必要なんですが、先方が試写のためだけに横浜アリーナを借り切ってくれたんです。

> 意外ですね――

そこに関係者が20～30人集まって、僕がプロジェクターをセッティングして「映しますよ〜」とスイッチを入れた途端、電源がポチッと落ちた！　電源のセッティングだけ向こうのプロに任せたんだけど、プラスとマイナスを間違えたらしく、1個50万円もする新品の玉がクラッシュしたんです。

> スケールがでかい

「予備の玉あるの？」「…ないです」。…もう終わりですよね。どうしょうもないじゃないですか。でもその時社長が「深津さん、せっかく北海道から来てもらったんだから、もう1回チャンスをあげようと思うんだけど。やってくれます？」と優しい言葉をかけてくれて。もうね、「何があってもやりますから！」ってことで、10日後もう1回、今度は「ゼップ東京」を借り切ってもらって（笑）、また関係者が集まって同じようにやりました。2回目は当然ちゃんとできて、ゆずの仕事もさせてもらい、これをきっかけにこの社長とは本当に仲良くなりました。

> ええぇーーー！

実は、大きな失敗をした相手とは、その後はもっと関係が深くなって、仕事がずっと続いていくんです。今でもよくその社長と話すんですが、あの時、もし上手くいっていたら、僕との関係は出入りの業者止まりだったよねって。上

> 結果オーライ。

手くいかなかったからこそ、関係が対等になった。新しいことにチャレンジした上での失敗だから、発展的に受け止めてもらうこともできた。今は「トラブルが起きた時こそビジネスチャンスだ」と思うようになりました。

> 「じんじん」の話を！

▶ 前作「恋するトマト」にかかわったのが縁で製作を手がけました。製作費1億4千万円をかけた自信作です。人口が減り、地域の活力が下がっちゃう時に、僕らの作るものでお役に立てないかなと思っています。もうけようとか売名行為ではなく、これを使って地域を活性化したい、その道具として映画を使いたいと思っているんです。

> 映画で地域活性化、ステキです

映画館のない町にも、これを持って行って自主上映する。地域の人たちが自分たちのものと思って上演会を主催し、それが成功体験となって他のことも頑張りだす。新しいことにチャレンジしようという気持ちになる。そんなお手伝いができたら、会社として存在する意義があるだろうと思っています。理想主義者だって言われるけど。

「じんじん」はいい作品に仕上がりました！「上映会をしたい」と手を上げてくれる地域が増えるとうれしいな。

<2012年12月3日◎第217回>

一世一代大勝負の場面で失敗したエピソードを聞き、貧血を起こしそうになりました。失敗も逆手にとって周囲を味方につけるには、強い信念と人間力が必要なのだと感じました。もっと新しいこと、楽しいことを。みんなが元気になり喜んでくれることを。繰り返し語られた言葉です。

札幌人図鑑 File No.053

山田いずみさん

女子スキージャンプの世界を切り開く

10年前、女子選手は私一人でした

やまだ・いずみ
1978年札幌市生まれ。小樽工業高校3年の時、日本女子で初めてラージヒルを飛ぶ。2008年国際大会で日本人初優勝。09年引退。ジャンプ女子代表コーチも女子で初。

つながりたかったワタシ

現役引退まで国内では圧倒的な強さを誇り、女子スキージャンプのパイオニアとして活躍した山田いずみさんは現在1児の母。ジャンプ女子日本代表コーチや高梨沙羅選手のパーソナルコーチを務めるとともに、女子スキージャンプ冊子「美翔女」の編集長でもあります。

「美翔女」を作ろうと思ったきっかけは?

▶ 私の現役時代、女子スキージャンプはまだオリンピック種目ではありませんでした。オリンピック種目にするにはどうしたらいいのか。現役時代にできることは飛ぶことだったけど、現役を離れたら何もできないかもしれない。でもだからって何もしないのではなく、自分のできることを頑張って、女子スキージャンプをもっと広め、応援してくれる人を増やしたい。そんな思いで「美翔女」が誕生しました。

最初はウェブ版も考えましたが、やはり一人一人に手渡して応援してもらえるようにと思い、冊子にしました。選手はかわいい服装でヘアメークもして、モデルさんみたいに撮影しています。

ほぉ〜〜〜

実はジャンプしている姿の写真ってあまり載せてないんですよ。なぜかというと、専門誌を作りたかったわけではないから。

ヘルメットにゴーグルじゃ、かわいさが伝わらない!

むしろスキージャンプに詳しくない、女子のスキージャンプ選手がいることすら知らない人に手に取ってもらって、あぁこんな普通の子が飛んでるんだ、特別な女の子じゃな

いんだ、ということを分かってほしくて。だから、素顔をたくさん紹介して、読んで楽しい、分かりやすい感じに作っています。

> 冊子づくりって大変じゃないですか?

私は本当にスキージャンプしかしたことがなくて、冊子づくりはもちろん初めてでしたが、結婚相手が広告代理店の人だったのでアドバイスをもらって。ヘアメークなども、同級生やその友人やらを巻き込んで、仲間総動員で楽しく作っています。

> ジャンプは何歳から?

▶ 歩き始めた頃からスキーを履いて育ちました。ジャンプとの出合いは幼稚園の時。近所に「札幌ジャンプスポーツ少年団」があり、誘われて見に行ったのがきっかけです。それからはジャンプとアルペンの両方をやっていたのですが、同じ冬のスポーツなので、小学校4年生の時にどちらにするか聞かれ、ジャンプを選びました。父はアルペンの選手だったのでショックだったみたい(笑)。

> お父さん…笑

5年生からはスキージャンプ一本。女子も最初は何人かいたけど、だんだんやめていって、最終的には自分だけ。でも普通に大会で優勝していたし、違和感はありませんでした。

ところが、中学に行くと中体連に出られなかった。先生にも頼んでいろいろ問い合わせてもらったけれど、男子の部とうたっている以上は女子の参加は認めることはできない、と言われてしまった。

> なんて話だ!

子供だったけど、その時の悔しさは今でも覚えています。市の大会を見に行くと、普段自分よりヘタクソな男子が優勝して、全道大会、全国大会と進んでいく姿を見て悔しかった……。

> 耐えられない!

いま思い出しましたが、悔しいことがもう一つ。当時、中学1年生になると宮の森ジャンプ場を飛べる、そして年明けの大会に出るというのが当たり前のルールでした。私

つながりたかったワタシ

は大会前日も飛んで問題なかったのに、大会当日、役員の方がたくさん来ていて、私がスタート台に座ったら中断。一旦戻されてしまったんです。そこからはジュリー会議（陪審員会議）みたいになって。

> 不安だったでしょ?

最終的には飛べたんですけど、後で聞いたら「女の子を飛ばせていいのか」「ケガをしたら誰が責任を取るんだ」ともめたと聞きました。女の子がスキージャンプをすると、将来子供が産めなくなるぞなんて言われた時代。「でも産んでやったぞ!」みたいな（笑）。

> かっこいい!

▶ジャンプは危険なスポーツではありません。ちゃんとした知識を持ち、ちゃんとした指導を受ければ特別なスポーツではないんです。まぁ勝ち気な子の方が向いてるかもしれないけど……。土壇場になると女性の方が強かったりするでしょ?

> あるある笑

空中に飛び出し、風を受けて飛んでる時はとても気持ちが良くて楽しいです。もっと飛びたい! もっと遠くへ!…という感じ。

10年前は私一人だった女子スキージャンプ選手も今は百人。…百倍です! 百人というと、スポーツ人口としてはまだ少ないですが、オリンピックの正式種目になったことで、小さい子がどんどん始めてくれるようになりました。今は大学生を指導していますが、今後はまだ恐怖心の少ない小学生を指導してみたいですね。

<2012年12月30日◎第244回>

やることなすこと全てが「女子スキージャンパーとして初」になってしまう。パイオニアって大変だ。でも、高梨選手は山田さんに憧れてジャンプを始めたと聞きます。まかれた種は確実に芽を伸ばしています。道産子ジャンパーたちの活躍にますます期待したいですね。

札幌人図鑑 File No.054 渡辺哲朗さん

ヘアドネーションに取り組む美容室オーナー

「しばったまま切って」とオーダーされた

「ヘアドネーション」ってご存知ですか？ 小児がんや事故などで髪の毛を失ってしまった18歳以下の子供たちに、医療用かつらを作るために髪の毛を提供する運動です。取材するまでその存在を知らず、札幌で唯一この運動に参加しているという美容室へ……。

わたなべ・てつろう
1981年石狩市生まれ。学生時代にバックパック1つで世界中を旅する。2010年北区新琴似に美容室 atelier ZiZi を開業。ヘアドネーションの普及に力を注ぐ。

つながりたかったワタシ

ヘアドネーションを知るきっかけは？

▶この店をオープンした年、いつも来てくれるお客さんが小学校3年生のお嬢さんを連れて来てくれたんです。彼女は長い髪を一つに結んでいたのですが、「しばったまま切って」と言うんです。「毛先から31センチのところで切って」と。

どうしてそんな変わった切り方をするのか聞いたら、病気やけがで髪の毛がなくなった自分と同じ年くらいの女の子のかつらが作れるから、と教えてくれたんです。1年生の時におばあちゃんにそのことを教えてもらって以来ずっと伸ばし続け、やっと31センチまで伸びたから切りに来たと言うんですね。僕はそんなこと知らなかったので驚きましたね。

かつらには31センチも必要なんですね

でも、道内で作っているところはなく、大阪の「ジャーダック」(JHDAC)というNPO法人に送ることが分かったので、「お兄ちゃんが送ってあげるよ」と約束したんです。

▶31センチ以上の髪20人分で1人用のカツラができます。人によって髪の色が明るかったり、若干くせがあった

としても上手に混ぜているし、何しろ人毛なので、出来上がりはとても自然です。

ビニールの土台に縫い付けていくんですが、子供の頭でもミシン縫いで10〜15万円、手縫いだと30〜50万円くらいかかるそうです。ジャーダックは、それを無償で提供しています。

僕も、カツラをカットする時は無償でさせていただいています。いつもバンダナなどで頭を隠している子が、カツラを合わせる時に地肌が露わになるのを恥ずかしがるので、午前中は予約を入れずに、誰もいない店内でカットするなど配慮します。お年頃ですからね。

> 子供の髪じゃないといけないのかしら？

大人の髪でも大丈夫ですよ。できれば直毛で、ダメージの少ない髪がいいです。そういえば、「自分が女学生の頃の髪の毛ですがお役に立てれば……」と30年前に切った髪を持ってきていただいたことがあります。お母さんが取っておいてくれたと、きれいに紙に包んで箱に入れてあって。さすがに驚きましたが、状態も良く、十分使えるものでした。

> かつらをもらった子もうれしいでしょうね

▶ よく手紙をもらうんですよ。これです。かわいい便箋に「渡辺さんへ。きれいにカットしてくれてありがとう」「大切に使います」「緊張してしまってちゃんとお礼が言えなくて

ゴメンなさい」「帰りの車で母と号泣……」（福津代読・グッとくる）。こういうお手紙は髪を提供してくれたお客さまにも見ていただいてます。みなさん、喜ばれますね。

> 誰でもできるボランティアですね

　そうですね。髪を提供する人も、そこからカツラを作る人も、似合うようにカットするわれわれもボランティアです。ただ、認知度はまだまだ低い。これまでうちで髪を切った子は42人ですが、他ではできないと思われているみたい。道内の遠方からわざわざ出かけていらっしゃる方も。だからたくさんの人に認知され、たくさんの美容室にもご参加いただき、支援の輪がもっと広がるといいなと思っています。

　そうそう、最初に話した小学3年生の女の子ね、今年中学生になるそうで、また31センチ伸びたといって先日2度目のカットに来ました。早いものですね。うれしかったです。

<2013年6月7日◎第372回>

> ボランティアの話を聞くと、何か困っていることや助けが必要な事実を知り、自分のできること・好きなこと・得意なことで「お役に立てるなら……」と、動き出す場合が多いです。知らなければ始まらなかったムーブメント。そして、知ってしまった以上、もう知らない自分には戻れないような、かき立てられる思い。何でもまずは「知る」ところから始まるのだと、いつもワクワクしてしまいます。

札幌人図鑑 File No.055

山本亜紀子さん
主婦目線で商品開発をアドバイス。エルアイズ代表取締役

こうすればもっと売れるのに

やまもと・あきこ
1968年札幌市出身。(株)エルアイズは女性客を増やすための調査とアドバイス事業を展開し、2007年に法人化。モニターサイト「主婦ラボ」は会員2500人。

つながりたかったワタシ

新聞で、大手スーパーのお弁当がヘルシーで人気という記事を見つけました。主婦目線の意見を取り入れた結果とのこと。働く女性が増えた今、お弁当やお惣菜（そうざい）がおいしくヘルシーなのは大歓迎。企業と主婦をつなぐ商品開発の裏側を聞きました。

結婚前はどんなお仕事だったの?

▶20代の頃は東京でリクルート社に勤めていました。中途採用の求人広告を取る仕事で、週刊誌でしたので、翌週には結果が出る。やりがいのある仕事でしたね。

結婚して子供ができたタイミングで会社を辞め、専業主婦を8年あまり。自宅に窯を作るほど陶芸にはまり、展示会をしたりネット販売をしたり。子育ても楽しいし、ママ友にも恵まれていたんですが、いろいろあって（笑）、子供と3人で札幌に戻ることになりました。

みんなここがネックなんですよね〜

フルタイムで働きたかったけど、保育園に空きがなかったので、とりあえず幼稚園に入れて、個人事業で何かやってみようかなと。そこで、好きなことと、できることを紙に書き出してみました。その中からビジネスになりそうなこと、鉛筆一本でできるようなこと…まぁ要は資金のいらない仕事として見た時、「女性のお客さん専門のコンサルタント」が残った。それで事業計画書も書かず、いきなり女性をお客様とする企業にアプローチを始めました。

すごい! 最初はどんなところから?

▶私はスーパーが大好きで、もっとこんなお惣菜があった

らいいのに、もっとこういうものがあったら売れるのに、というアイデアがたくさんありました。そこで、惣菜のバイヤーや調理の人と一緒にアンケートを作り、パートさんや一般の方の意見を集めました。

　最初に取り組んだのは人気惣菜3点、「きんぴら」「卯の花」「切り干し大根」の味付けを、出汁を効かせて塩分や糖分を抑えたこと。女性が食べたいお惣菜として販売すると、よく売れたんです。

> それそれ！
> 新聞で見ました。
> 食べてみたーい！

　試食したり一緒にお弁当のおかずを選んだり、とっても楽しい仕事だったし、形になったり売れたりするとうれしい。でも、売れる時があれば売れない時もあった。そこで、本当によく買う人の声をもっと聴かなくちゃいけないと思って、「主婦ラボ」を作ったんです。

　「主婦ラボ」のメンバーはインターネットで登録します。登録していただくと、女性ならどなたでも商品モニターになれます。例えば「この納豆の良いところ・悪いところ」というモニターを家にいながらやってもらったり、グループインタビューといって、6人くらいで自動車について話し合ってもらい、企業の商品作りやサービス改善、広告作りに役立ててもらうとか。居酒屋やラーメン屋さんに食べに行ってもらって覆面調査なんてこともします。

> いろんなスタイルで参加できるのがいいですね

　主婦目線で、お店に入った時から出る時まで、接客はどうだったか、清掃は行き届いているか、食べ物の満足度、メニュー構成、もっと多くとか少なくとか。この時、ほめることもいっぱい書いてもらっていて、それを店長が現場に伝えると、現場のモチベーションが上がって、その3カ月後の調査では評価が上がっていたりするんです。店長やオーナーにはとても喜んでいただいています。

◯ 覆面調査の会社はそれまで北海道にはなくて、道内の企業は東京の会社に頼んでいたようですが、今では弊社

つながりたかったワタシ

は道内トップレベルの2000件以上の実績があります。

「どういう商品を作れば売れるか」「もっと効果のある広告にするためには」「もっと女性客が来るにはどうしたらいいか」といったことに答える仕事なので、リサーチがキーになります。何のためのリサーチかという設計をし、実際にやってみて分析する。

> ミシュランみたい！

設計から分析までというのが難しいので、これはちゃんと勉強しなくちゃいけないと思い、東京のマーケティングスクールに通って勉強もしています。そこは大手メーカーの開発やマーケティングの方々で熱気ムンムン。みんな血眼になって商品開発をしています。とても刺激になっているんですよ。

> 北海道企業ももっと勉強しないと！

私はマーケティングの会社を作ろうと思ったわけじゃなく、スーパーが大好きで「もっとああなったら・こうなったら」と浮かんだアイデアを、コンサルタント会社みたいに伝えることが仕事になったら面白いだろうと思っただけなんです。実際、弊社の従業員は主婦ばかりですが「一日があっという間だわぁ～！」って言ってます。

今後は、ロングセラーのヒット商品を生み出すお手伝いができるようになりたいです。「エルアイズに頼めば、1年に何度も新商品を出せる」と言われるようになりたい。そして「お仕事の相談がドンドン来て大変だぁ～！」みたいになるのが夢ですね（笑）。

<2013年6月17日◎第382回>

女性の視点を生かした自由な起業の形だと思いました。好きなこと・得意なことを仕事にすると、こんなに笑顔いっぱいの会社になる。会社で働く男性には思いつかないアイデアを社会は求めていて、それはビジネスにつながるんだ！と気づかされた取材でした。

つながりたかったワタシ

札幌人図鑑 File No.056　阿部晋也さん　丸吉日新堂印刷 代表取締役社長

エコ名刺で 世界と社員の幸せつなぐ

法政大学の坂本光司先生が著書『ちっちゃいけど、世界一誇りにしたい会社』の中で紹介した。漫画雑誌「グランドジャンプ」では、その熱い仕事ぶりで漫画の主人公にもなった。全国の経営者から注目を集めたのは、豊平区平岸にある小さな印刷会社でした。

あべ・しんや
1971年札幌市生まれ。「1枚の名刺で地球を救う」を目標に、エコ名刺の全国通販事業を展開する。6万人を超える顧客の8割は本州在住。

つながりたかったワタシ

▶捨てられていたものを再利用したエコ名刺を作っています。例えば、このペットボトル5本で100枚の名刺が作れます。普通の紙よりちょっと割高だけど、水には強い。消防士さんが使ってくれています。

漫画、見ましたよ！ステキなお仕事ですね

あと、北海道の小麦のワラとか、サクラの間伐材、湘南ベルマーレ（神奈川県）のサッカー場で刈ったグラウンドの芝とか。ファンの方がこれを使って名刺を作ってくれます。他にも、オホーツクホタテペーパーとか、種類はたくさんあるのですが、いまイチオシなのはアフリカ・ザンビアのバナナペーパーです。

私はバナナがいいなぁ〜

これ、バナナの木なんですけど（植木鉢を見せながら）、この幹が育って実をつけるでしょ。で、収穫したらもう実はつけないんです。だから、根元からばっさりカットしちゃう。すると、横からまた幹が伸びるわけです。結構な量の茎がゴミになってしまうのですが、その茎を乾かして繊維にしたものを日本へ送り、日本の和紙の技術で紙にするんです。ゴミとして捨てていたものを名刺として蘇らせる。

一石二鳥ですよね。

世界にはバナナを栽培している国が125カ国。ほとんどの国で仕事がなくて困っています。でも、このバナナの茎を乾かして繊維にする作業はどこでもできます。いま現地の作業所で18人がこの作業をしてくれています。

> 本当だ！
> 和紙みたい。肌触りがいいですね

先日もザンビアのエンフエ村へ行ってきたんですが、世界でも最貧国の一つで、靴も履かず電気も水道もない。でもいつもニコニコ笑顔で仕事をして、気持ちを豊かに生活している。お金がないので教育を受けていませんが、仕事を教えるとそのまま素直に覚えてやってくれます。

日本の通勤時の満員電車の写真を見せて話をすると、「日本って大変ですね、私たちが日本人のために何かできることがあったら何でも言って。力になりたい」と逆に言われるくらい。日本人は恵まれているのに、幸せ度が低く見えるようです。だから、向こうに産業がないのが残念で。

先日横浜でアフリカ会議があって、ザンビアの環境大臣など首脳陣と会ってこの話をしたところ、ぜひザンビアにパルプ工場を作って欲しいと言われ、現地に工場を作ることになりました。

> 名刺に点字が入ってますね

▶ 点字名刺は手作業です。障害のある方の就労支援にもなっています。以前、ある施設へ見学に行った時、シール貼りとか簡単な作業しかなく、当然収入も低かった。でも、点字の仕事はその10倍以上の収入になります。名刺交換をきっかけに環境や福祉に意識が向く。そこが大切なんです。

実は、母が脳梗塞（こうそく）で倒れて体に障害が残っています。僕は小学生だったので普通に受け止めていたつもりなのですが、ある時本当に心ない言葉を発してしまって。すると母が「みんな好きで障害者になったわけじゃないんだよ」と。子供心に、「まずいこと言っちゃったなぁ」って思いま

つながりたかったワタシ

したね。それから、自分に何かできることがあればしたいと考えるようになりました。

▶ 僕は札幌の大学を出て、一度道外で就職したことがあったんです。ところがその会社にひどい上司がいまして。ある時、僕の唯一の先輩が、悪くもないのに土下座して謝った。そして「どうせあの上司は10年たったら辞めるんだから、今は我慢する」と。僕はそれが10年後の自分の姿に見えて、翌日辞表を出したんです。

> あー
> 私も無理だわー

ちょうど、長野の友人が事業を立ち上げるというので、そこを手伝おうとバイクで向かいました。でも、親に何も言わずに辞めてしまったことを思い出し、途中の公衆電話から実家へ電話しました。事情を話すと、まずは一度家に帰りなさいと言われ、長野ではなく札幌へ向かいました。

実家に帰ると、それまで「家業を継げ」と一度も言ったことのなかった父が「印刷の仕事っていいぞ。いろんな人に会えるぞ」と。それなら1週間だけやってみようと思ってやった結果、現在に至りました（笑）。

> 本当にいろんな人に会ってますよね

いま、全国で名刺交換会をたくさんやっています。社員には自分の趣味や家族との時間も大切にしようと言って、率先して社員も巻き込んでいます。何かあっても、お互い「行ってらっしゃい！」と言い合い、留守の間もカバーし合える会社にしたい。日々の暮らしをちゃんと楽しみながら、仕事もクリアできている。そんな会社がいいなぁ。

<2013年6月18日◎第383回>

つながりたかったワタシ

捨てられた素材に命を吹き込み、ザンビアに新しい産業を生み、仕事を通して就労支援をし、誰でもできる社会貢献の形を作った。「こんな会社にしたい」という思いに突き進む若き経営者の行動力に胸が熱くなりました。トップのカラーってこんなに色濃く反映されるものなんですね。

札幌人図鑑 File No.057

ディリップ・シュナールさん
TEDxSapporo設立者・アドバイザー

地域の明日を変える イベントに

ディリップ・BK・シュナール 1981年ネパール出身。日本・ネパール友好センター代表。「北海道は第2の故郷。日本で一番好きな食べ物はカニクリームコロッケ！」

つながりたかったワタシ

　TED（テッド）は、「広める価値のあるアイデア」を、登壇者のプレゼンテーション（講演）を聴いて参加者と共有する米国発のトークイベント。海外で人気の動画をYouTubeで見て存在は知っていた。札幌版が開催されると聞き参加してみると、明日からの行動が変わりそうなワクワクするストーリーでいっぱい。準備に奔走していたのは外国人でした。

ディリップさんってどこの国の方？

▶ ネパール人です。ネパールは人口の6割が貧困層で、今でも無料で教育が受けられる社会体制がなく、人口の5割は読み書きができません。僕は中流家庭で育ちましたが、両親は子供には教育が必要と考え勉強させてくれた。とても感謝しています。

　一生懸命勉強して、13歳から奨学金でオーストラリアへ留学。高校・大学と8年間学びました。その後も米国へ留学したり海外をあちこち旅したりして勉強しました。

すごい… 優秀ですねぇ

　ところが、海外から戻るたびに、きれいな水もない、医療も教育もないネパールの現実を目の当たりにします。児童労働、人身売買……。水も悪く、生まれてすぐに亡くなる子供は年間7万人以上。ネパールは子供の問題だらけなんです。

　自分は水も食料も医療も手に入れることができたのに、なぜみんなはできない？　それは全て、教育がないからな

んです。僕はいつかネパールに学校を作りたいと考えるようになりました。

日本のイメージといえば、母が大好きだった「おしん」でしたね。おしんはネパールで初めて放送された海外ドラマです。貧しいおしんがトウモロコシを食べた後、その皮を捨てずにうちわを編んだシーンをよく覚えています。ネパールにはご飯を残すという文化があります。残さないとお腹がいっぱいということにならない。

> もったいないです

ネパールは「おしん」のように貧しい国なのに、ダメだなと思いましたね。僕の日本の印象といえばそれくらいだったんですが、アメリカで出会って結婚した女性がたまたま札幌の人でした。それを縁に、今は札幌で暮らしています。

僕は自然が大好きだから、フォーシーズンある札幌が大好き。"ゆめぴりか"のご飯も。最近はネパールで食べるおふくろの味より好きで困っちゃう（笑）。

> わはははは

僕が札幌に来たのは2005年。それから少しずつ薬や服などをネパールの子供たちに送りつつ、学校を作るための募金を始めました。そしてついに2010年、ネパールに学校を作ることができました。

> えー！ すごい！ 知らなかった！

札幌市民の力です。自分でもすごいことだと思う。今も300人の子供たちが通っています。

▶感謝の気持ちでいっぱいで、いつか何かお礼をしたいと考えていました。だから3・11の時は一番悩んだ。いろんな国からいろんなサポートがあったけど、ネパールはもともと貧困の国で何もできない。つらかった。ネパール人として何かお返ししたいと一生懸命考えました。そして、アメリカで出会ったTEDを札幌で開催することを思いついたんです。

素晴らしい出会いがあり、自分の人生も変えてしまったTED。ヒューマンコネクションは宝物です。人と人がつな

がるのが一番幸せ。一般の人たちが出会って、地域を変えるような議論ができれば社会が変わる。これからは日本のアイデアを札幌から世界へ発信して、札幌をアイデアシティにする。そして世界中のアイデアを札幌に集め、札幌から日本中に発信する。そんなカンファレンス（会議）を目指しています。

> 素晴らしいです！

▶ 今年（2013年）のテーマは「可能性を生み出す」。なりたい自分になるためには行動しないといけない。でもそのためには勇気が必要です。みんな、仕事が忙しいとか友達からどう見られるかとか、「失敗したらどうするの？」「責任は？」とかいろいろあると思う。

> 「迷惑かけちゃいけない」とか…

そこで今回は、札幌で行動して、失敗して失敗して、それを乗り越えてやっと成功した人や、成功してもさらにチャレンジし続ける人がスピーカーとして登場します。日本人の想像力や誠実さは世界一です。それがどこから出てくるのか、僕にとっては不思議なくらい。だからもっと、失敗を怖がらずに行動してほしい。

「今の自分」から「なりたい自分」へ！　明日からの行動が変わってしまうようなコア・アイデアをシェアしましょう。

＜2013年6月26日◎第391回＞

子供が小学校に上がる年齢になり、現在は家族でネパールへ帰ったディリップさん。それでも毎年、TEDxSapporoには必ず参加し、札幌とネパールの架け橋となっています。人を動かすのは情熱！　自分を変えるのは自ら行動する勇気！　とても元気の湧いてくるインタビューでした。

札幌人図鑑 File No.058 中島聖子さん

子育てサークル「enjoy 育児☆ニコニコ会」代表

プレーリーダーになって自分が遊びたい

南区のママさんコミュニティーが開催した地域のお祭りが好評で、他区から見学に来るほどだといううわさを聞きつけて取材に行きました。4歳の娘の子育て中だというお母さんは、真っ黒に日焼けして元気いっぱい。見るからに「毎日をエンジョイしてます」的オーラに包まれていました。

なかじま・せいこ
1976年生まれ。地域とのつながりを大切にしながら近所付き合いや子育てを楽しむ。子供と親の野外遊びをプロデュースする「コザルッコプレーパーク」代表も。

つながりたかったワタシ

▶静岡県出身なんですが、スノーボードが大好きなんです。静岡では全く雪が降らないので、何時間もかけてゲレンデへ通っていました。

とにかくスノーボードが好きすぎて、19歳の頃から冬は札幌で過ごすようになりました。何日滞在というレベルではなく、11月の終わり頃には布団一式車に積んで、フェリーに乗って北海道へ。それからは毎日スノボ三昧で、ゴールデンウイークが終わったら静岡へ帰る。帰ったら、夏の間は昼夜問わず一生懸命バイトして貯金、冬になったらまた北海道へ、という暮らしをしていました。

札幌では、土地勘がないから最初は北区のアパートを借りて。目的の札幌国際スキー場へ向かう間に、いろんなスキー場をいくつも通り過ぎ、「(札幌の人は)何てぜいたくなんだ」と思っていました。

でもある頃から、札幌の人と結婚したらもっと効率がいいんじゃないかと思い始めて(笑)、札幌の人、それもゲレンデに近い南区に住んでいる人と結婚して、毎日スノー

スノボ好き、ハンパないですね…

ボードをして暮らしたいと。そしてある日、私はゲレンデでスノーボードに乗った私の望み通りの王子様と出会って結婚！　晴れて南区在住の主婦になりました！　私ってラッキーだったとつくづく思います。

> おおー！
> 持ってる女は違う！

▶住んでみると、札幌は冬だけじゃない、四季それぞれ楽しいことを知りました。特に娘が生まれてからは、南区の魅力を実感しています。他の区に住んでいるママ友には驚かれるのですが、「今日は午後から滝野公園集合ね〜」とか言って、普通に母子でお出かけしちゃいます。

札幌芸術の森も、定山渓自然の村も、（藤野の）フッズも…週末に家族そろってお出かけするような自然いっぱいの大きな公園に、日常的に母子で出かけられちゃう。本当にぜいたくだと思います。

> 南区っていいなぁ

初めて札幌に来た時は「うわぁ〜大都会！」と驚いたのに、南区のこの辺に来ると、やっぱり北海道。自然がいっぱいで、季節が変わるたびに感動します。静岡の友人には「冬は大変でしょ？」って言われるけれど、私、未だに雪かき大好きです！

子育てを通して地域の方とつながることができたのも大きな収穫。私はご近所のおじさん、おばさんに本当に助けられました。お産をして家に帰った時、近所のおばさんがお赤飯を炊いて届けてくれたんですよ。もう、おいしくておいしくて……。思わず「お母さん、ありがとう！」って言っちゃいそうになりましたね。

> これはうれしい！
> もち米はいい
> おっぱいが
> 出るっていうし…

だから、お産扱いで実家へ帰るということも考えなかったほどです。こんな人間関係が築けたのは娘のおかげ。だから、娘にもありがとうかな。

▶「子育ては大変」とか「子育ては孤独」といった子育てに関するマイナスイメージを見聞きすると残念な気持ちになります。地域の方々と交流すれば、一緒に子育てして

くれる人がたくさんいることに気づきます。

　子供のために子供だけをどこかへ連れて行く、それが親の任務、みたいじゃやっぱり寂しい。どうせなら子供と一緒に親も遊んじゃおう！　楽しんじゃおう！　夏は一緒に泥んこになって、冬は親も雪遊びの格好をして。そうやって一緒に遊び出すと、みんなその楽しさに気づくんです。

　子育てサロンだって「まずは自分が楽しんじゃおう！」…そんな思いで、「enjoy 育児☆ニコニコ会」を立ち上げました。地域みんなが仲良くなるにはお祭りが一番と、「ニコニコ祭」を開催。乳幼児から幼稚園児などの子育てママたちでワイワイと、企画から運営まで全部手作りで準備しました。手作り品の展示販売ではプロ級の腕前に驚いたり、元美容師のママが会場に即席のこども美容室をオープンしたり。マルシェもやったので、地域の人が大勢来てくれました。

　広報は手書きのチラシをコピーして手渡し（笑）。デジタルで見張られている感じじゃない、ゆるやかなつながり方のほうが楽でいいなぁ〜って思っているんです。

<2013年11月29日◎第547回>

> 外遊びが好きな子に育てたいのに、親は楽しさを知らない…

つながりたかったワタシ

> 評判いいんですよ！

私のつまらない固定概念をはるかに超える独身時代の暮らし方。そして望み通りの男性と結婚し、地元っ子も太刀打ちできないくらいの北海道ライフの満喫ぶり。地域の魅力を探るには「よそ者」の目線が一番、ということを再認識するインタビューでした。

札幌人図鑑 File No.059 横内龍三さん 北洋銀行会長

約束は守らなくてはいけない

よこうち・りゅうぞう
1944年長野県出身。
67年日本銀行入行、30年あまり勤務した後2000年弁護士に転身。04年北洋銀行へ。

つながりたかったワタシ

2014年1月1日掲載のお正月企画としてご登場いただいた横内会長。京大法学部出身で、前職は弁護士だったとお聞きし、どういう経緯で現職に至ったのか興味津々。また、会長を務める「北海道シマフクロウの会」は会員が300名にのぼります。活動への思いを聞きました。

以前は弁護士さんだったんですね

▶ 大学で法律を学んで法曹になりたかったんです。そのためには司法試験に合格して司法修習を受けなければならないのですが、試験の最終発表は秋、就職試験は春先には決まってしまいます。当時は青田買いの時代でした。私は両親の遅い子で司法試験浪人できない状況だったので、実は就職試験と司法試験の両方を受けていました。最終的に司法修習に合格はしたのですが、先に日本銀行に入ると約束していたので、法律を勉強したものとしては約束を守らなければと思い、日銀に入行しました。

民法の最初に書いてある基本原則に「信義誠実の原則」というのがあります。「約束は守らなくてはいけない」ということです。私の恩師である於保不二雄教授（京大法学部）はこの教えを私たちに叩き込んでくれた。だからやはり、先に決めた約束を破って、しかも法律の世界に進むということはできませんでした。

まじめだなぁー

▶ でも法律家としての思いが基本にあったので、日銀での勤務がだいたい一段落ついた時にあらためて司法修習

を受けることにしたんです。国が司法研修という制度を設けていて、1年半みっちり勉強のやり直しをしました。

> やり直した…?

授業で先生にあてられるんですよ。小学校の時、「次は自分にあたるけど答えが分からない。どうしよう……」っていう場面がありますよね。あれと同じことを53、54歳で経験したわけです。でも一念発起して頑張り、ついに夢を実現しました。55歳の時でした。それから還暦まで、東京で弁護士として働きました。

> 素晴らしいです!

この弁護士時代が「第2の人生」です。この先は自分の思い通りに生きてみたいと思って邁進（まいしん）してきたので、まさかその先に第3の人生が待っているとは思いませんでした。

ある時、尊敬する先輩から声掛けがありまして。それまでヘッドハンティングという経験はなかったですし、これは男として受けなければいけないと。そんな思いで金融の世界に戻ってきました。北洋銀行の副頭取として北海道に来て、その後頭取となり、現在は会長です。

> ところで北海道シマフクロウの会って?

▶ 世界最大のフクロウ、シマフクロウをご存知ですか? 実際に見る機会はほとんどありませんが、生息域は北海道だけで、現在確認されている個体数は自然界で140〜150程度しかいない。完全に絶滅に向かっています。こ

つながりたかったワタシ

れをなんとか保護し、数を増やそうという活動に、環境省や地域の方々が大変尽力されています。私は、同じ考えを持つ人をできるだけ集めて支援できないかと思っていました。

シマフクロウというのは一つの象徴的な存在です。私たちの願いは、北海道の素晴らしい自然を保全していくことです。シマフクロウがこれだけ数を減らしたのは私たちの開発の結果なのだから、今度はシマフクロウを象徴にしつつ北海道の自然を守っていきたいのです。

> シマフクロウの魅力は?

私が魅了されたのは、そのたたずまい、眼光の鋭さ、希少さというところでしょうか。北海道のアイヌの皆さんは、シマフクロウのことを「コタン・コロ・カムイ」（村の神様）と呼びます。ヒグマと並ぶ崇拝の対象なのだそうです。そういう意味でも、北海道に関係の深い動物です。

> フクロウの眼差しって誠実そのものですね

いま企業活動の中でコンプライアンスが言われ、食品偽造表示などが問題になっています。これも、書かれた法律だけじゃなく、人間が守るべきものから逸脱せず、誠実に、という思いが根本にあれば防げたのではないでしょうか。さらに、英語でintegrity、つまり誠実さを、企業活動だけでなく人間の生き方の基本としてみんなが心がければ、もっと安心安全な社会になっていくんじゃないかと期待しているんです。

<2014年1月1日◎第580回>

茶化したように聞こえては困るのですが「"聖人"っているんだなぁ」と感じました。誠実に、真摯に、約束を守り未来を見つめる。なるほど、こういう方が法曹や銀行の仕事をされるのだなぁと関心しきり。まっすぐにお話しされるその姿勢に、こちらの背筋もシャキッと伸びました。

札幌人図鑑 File No.060 福井俊さん

学生サークル「札幌医ゼミに行く会"すずらん"」代表

患者の立場からの医療を目指す

団体名を聞いて、てっきり札幌医大を志望する学生の勉強会かと思いましたが、全く違いました。「医学生ゼミナール」は全国組織。その「医ゼミ」に行くための勉強会を行う札幌支部が「すずらん」とのこと。大学の垣根を超えた学びの様子を聞きに伺いました。

ふくい・しゅん
1990年札幌市生まれ。北大歯学部在籍中。多職種志望の学生たちと議論を重ね、患者の立場からより良い医療を追い求めている。

つながりたかったワタシ

「医ゼミ」の活動内容を教えてください

▶ 活動には3本の柱があって、まずは各地で開催される「全国医学生ゼミナール」に行くこと。もう一つは、それと似たような形の小さなイベントを年に2回開催すること。最後は月に2回の勉強会を行うことです。

全国大会はお盆の時期に4日間行うのですが、医学部だけでなく、看護学部や薬学部、理学療法学部、作業療法学部などさまざまな医療系の学生が全国から400人ぐらい参加します。「孤独と医療」というテーマの時は、若者であればSNSなどネットワークシステムの中で抱える疎外感やワーキングプアについて。高齢者なら、一人暮らしでの孤立の問題や生活保護受給者が感じる社会からの疎外感について。まずそれらを学び、医療とどうかかわっているのかという勉強をしました。

悪用する一部の人がクローズアップされちゃってますね

生活保護を受けている人は、病院に行くお金があるんだったら食費や生活費に充てた方がいいと考えて、病気を抱えているのに病院に行けなかったり、それを支えるシステムがあるのに知らずに利用できなかったりします。だ

から、医療従事者がそうした知識を持ち、提案できるようになりたい。

また、孤独と精神疾患には深いかかわりがあると考えられています。一人では気づけなかったり、誰かが付き添わないと病院へ行けないケースもあるんです。

札幌で開催した時のテーマは「他職種連携」にしました。医療関係者の中には医師、看護師、薬剤師、歯科医師、社会福祉士、理学療法士・作業療法士、検査技師などいろんな仕事があります。その人たちがどう連携して、患者さんにより良い医療を提供するかということを、講師を呼んで勉強しました。

> 本当だ。
> 一人だと我慢
> しちゃうかも…

専門分野が違うと意見が一致しないことも多く、そこのところをみんなで「患者サイドに立つとどうか」などと話し合うんです。誰がいいとか悪いではなく、いろんな立場の意見を聞き「あぁ、そういうことも考えられるんだ」と感じる機会になっています。

▶ 祖父が医師だったので、幼稚園の頃から漠然と憧れを持っていました。祖母の刷り込みもあったかも。「おじいちゃんみたいになるんだよ」って（笑）。小学校まではそう思っていたけど、中学ではちょっと勉強の意欲が落ち、医者になるのはあきらめた。でも希望通り札幌旭丘高校に進学でき、テニスに明け暮れていたんです。ところが高2の頃、風邪が長引いて咳が続き、テニスの練習中にめまいがしてクリニックに行くと、ここでは手に負えないと。大きい病院に行って、「小児がん」だと分かりました。

> 勉強熱心だなぁ。
> 小さい時から
> お医者さんに
> なりたかった？

もう…僕も家族もショックで。小児がんは進行が速く、若いから転移もしやすく、かなり深刻な状態でしたが、家族・友達・親戚もみんな協力してくれて、なんとか完治できました。何より医師や看護師のみなさんに助けられた。本当にお世話になりました。このとき「気持ちを新たに勉

> 高校2年生で!?

強し直し、あきらめていた医療者になるという夢をかなえ、社会貢献しなくては!」と思ったんです。

> 頑張りましたね!

　高2のとき8カ月入院して留年し、高校卒業後、3年浪人して北大歯学部へ。できれば小児がんを治療するような医者になりたかったけれど、「すずらん」で学ぶうちに、歯科医としてもできることがたくさんあると信じるようになりました。

▶歯科医って、むし歯を治すだけのイメージがありますが、例えば歯周病菌が心内膜炎の原因になるなど、病気のリスクの一つになることが分かってきました。だから僕は、口だけを見るのではなく、全身のバランスを見られる歯医者になりたい。

　道内にも海外にも、医者がいなくて困っているところがたくさんある。必要とされるならそこへ行き、その地域の患者さんを診られる存在になりたい。恩返しがしたいと思っているんです。

<2014年2月23日◎第633回>

つながりたかったワタシ

> 医療従事者には、偏差値だけではない、福井さんのような高い志があってほしい。そう思って胸を熱くしながらのインタビューでした。専門の違う医療従事者同士が、大学の垣根を超えて自主的に学び合う姿からは、大人も学ぶことが多いですね。

札幌人図鑑 File No.061

中川美智代さん
乳がん患者会「ピンクダイヤ」代表

ただの「おしゃべり会」にしたくて

なかがわ・みちよ
自身の乳がん体験をもとにした講演会やセミナーなどを開き、講師も務める。ライフヒストリーをまとめた体験記の出版も。FMしろいしパーソナリティー。

つながりたかったワタシ

がん患者自らがその体験談を講演やセミナーを通して全国で紹介する乳がん患者会「ピンクダイヤ」は、失った乳房をインプラント再建する手術の保険適用に向け署名を集めたことで話題になりました。多くの女性たちを勇気づける活動の源は？

ご病気のことを伺っても…？

▶乳がんだと分かったのは2007年12月で、左胸の全摘手術を受けました。手術したら終わりだと思っていたのに、実は手術はスタートで、それからが長い長い…長い治療が続きます。がんは10年再発しなければ完治と言われています。自分では、6年間頑張って治療して、7年目に左胸の再建手術をして、10年経ったらがんも治って体も元通り。そうイメージして治療に臨みました。

つらかったですね…

抗がん剤治療には抜け毛、むくみ、口内炎などいろいろつらい副作用があります。抗がん剤を1回打つと、だいたい10日から2週間で頭はツルツルになるんです。髪だけじゃなくて、眉毛もまつ毛も、体中の体毛という体毛が全部なくなる。それを4週間に1回、全部で6回受けました。

それから放射線治療。1週間に5回の治療を5週間、胸と脇の下と鎖骨の下にかけました。抗がん剤に比べると副作用は少なくて、放射線をあてたところが日焼けの痕みたいになるくらい。その後ホルモン療法を5年行いました。

私は乳腺外科ではなく普通の外科で手術をしたので、乳がんのお友達がいなかった。それで同じ境遇の友達が欲しくて、乳がん患者会「ピンクダイヤ」を立ち上げました。いまメンバーは26人ほどで、みんな意外に若くて30〜50歳代前半。みなさん、がんでありながら子育てやお仕事など、いろんなことをしている人が多いです。

> 働き盛りの子育て世代ですよね…

　普通なら月1くらいで集まってセミナーや勉強会となるところですが、私はただの「おしゃべり会」にしたくて。楽しい飲み会やランチ会にして、その中で情報交換でもいいし、旦那の愚痴でもいいし、何でもいいから好きなことを話して「楽しかったねぇ」と言い合える会にすることを目指しています。

> こういう時間は、家族では提供できない…

　失った胸の再建には直再建とインプラント再建の2つの方法がありますが、インプラント再建は当時、保険治療ができなかったんです。でも、乳がんで乳房を失った人の再建と豊胸では全く意味が違いますよね。それで、患者会の人たちから「署名を集めよう」という声が上がりました。

▶ 私の話に戻りますね。髪が抜けるとウイッグを買い、眉毛やまつ毛が抜けるとアートメイクを施したりして治療に専念しました。まず2年、再発しないように頑張ろう。次は治療をしながら5年頑張って、7年経って何もなければ再建できる。そして「10年経ったら元通りの私」。それが、6年目の最後の検査で再発しちゃった。7年目に行けなかったんです。

> …………

　やっぱりいろいろ考えましたね。それまで再建、再建とずっと頑張ってきましたから。先生は「中川さんは再建より、治療を優先させましょう」と言った。その時、「あぁ、やっぱり再建は無理なんだ」って。そう思った時、ショックというのもあったんですが、なんとなく気持ちがすーっとしたんです。

つながりたかった ワタシ

> 気持ちがすーっと?

私はずっと、がんと闘ってきたような気がするんです。だけど再発したことによって、ちょっとその闘いが終わって、今度は共存というか…よく「がんと共存」という人がいて、それって何だろうと思っていたけれど、再発して初めて分かった気がしたんです。今また手術直後の状態に戻って、一から抗がん剤を飲むようにすすめられている。

> もう一度
> 最初からって…

でも、抗がん剤はやっぱりすごくつらかったし、髪が抜けたりむくんだり……。つらいことが続くと、やはり心のモチベーションが下がりますね。だからこれからはまぁ、がんと楽しくというとヘンですが、共存して、心のモチベーションを上げていきたい。がん治療を続けながら、これからの人生、自分の思う通りの道を歩んで行けたらいいなと思っているんです。

▶「ピンクダイヤ」のピンクは乳がんのカラーです。ダイヤは宝石の中で一番硬くて一番輝いている。だからこの患者会も輝いていて、硬くて強い絆で結ばれた会にしたくて。女性に生まれたからには、いつまでもキラキラと輝いていたい。乳がんになったからじゃなく、ならなくてもそういう思いだったので、この名前にしてよかったと思っています。

> 中川さんに
> ぴったりですね

これからは、自分の好きなように…もし自分が亡くなる時も、「あぁ、いい人生だったなぁ」って思えるような生き方をしたいと思っています。がんと共存しながら。

<2014年3月16日◎第654回>

女性らしく、美しくいられることが生きるモチベーションにつながる。これは同じ女性として大きくうなずける言葉でした。私もそうしたいと思う一方、もし家族がそういう選択をしたら、果たして快く同意できるだろうかとも考えました。仲間づくりは最も重要かもしれません。

札幌人図鑑 File No.062

志堅原郁子 さん

DV防止教育に取り組む「NPO ピーチハウス」ファシリテーター

早く大人になって世の中を変えたかった

「人権啓発活動」や「性の健康教育」「暴力未然防止活動」などを通して、だれもが大切にされ、また自らを大切にする環境を作りたい。そして家庭に、学校に、職場に、地域に、「元気」の輪となって広めていきたいと語る。沖縄から米国経由で札幌へ。活動への思いとは──。

しけんばる・いくこ
沖縄県出身。新聞記者を経て渡米、ジャーナリズム修士号取得後、1996年に札幌へ。幼児から大人まで幅広い層を対象に各種講座を提供している。

つながりたかったワタシ

▶沖縄でも少ない苗字ですね。「志」（こころざし）が堅くて原っぱのように広い…この名前、気に入ってるんですよ。

私は、まだ米軍の支配下にあった沖縄に生まれました。人権保障がなくて「沖縄全体が米軍基地」というような状況下で、小学校までの多感な時代を過ごしたんです。

沖縄の地から B52 という戦闘爆撃機がベトナムに向かってどんどん飛んで行く姿を見て、小さいながらもすごくつらかった。「沖縄戦」という現実のトラウマがまだ残っている社会の中で暮らしていたので、「もう戦争を起こしたくない」という思いは大人にも子供にもすごく強かった。「どうにかしたい」「早く大人になって力を得て、社会を変えたい」とずっと思っていたんです。

志堅原（しけんばる）って珍しいお名前ですね

▶ちょうど「男女雇用機会均等法」の1期生です。純粋な心を持って入った社会は、今でいうセクハラ、パワハラ、DVもあり、現実はつらかった。「女の子を入れたはいいが、どう扱っていいか分からない」という会社の空気もありまし

そんな思いで琉球大学を卒業し、新聞記者に？

た。

1年目で政治部の記者になって、知事や衆議院議員、県議会議員の担当になったんですが、バリバリの男社会の本丸に、ぽんと一人パラシュートで落とされた感じでした。それで「早く一人前になって力を得たい」と思い、アメリカの大学院でジャーナリズムを専攻し、修士号を取って帰って来たんですが、帰って来た時には「やっぱり私はジャーナリズムには合わないな」ということで退職してしまった（笑）。

> 勉強した結果、「私のやりたいことはこれじゃない」と笑

そこで、ほとんど永住する覚悟でアメリカに戻り、出産もしてパートナーも得た。そうしたら研究者だったパートナーがヘッドハンティングされ、北大に行くことに。沖縄から一番遠く、「小さい頃から憧れていた北海道、いいじゃん」と思い、北海道に来ました。

▶ 札幌に来て子育てをする中、地域の方と「子供たちも母親である私たちも、生き生きと活動できる場が欲しい」ということで、2004年に「NPOピーチハウス」を立ち上げました。コンセプトは「元気の輪をまずは家庭から、そして地域に、学校に、そして大人の社会に」。メンバーは私の他、看護師、医者、介護士、それからDV相談員もいます。

> すごいメンバーがそろいましたね！具体的にはどんな活動を？

たくさんのプログラムがありますが、例えば私がやっている「デートDV未然防止教育プログラム」。若い人たちの間で交際中に起きる暴力を未然に防ぐために、高校や大学に出向いて情報提供します。

　こちらが一方的に教えたり伝えたりするのではなく、自ら考えて行動を選択する「参加型」で、例えば先に先生方に悪いカップルの例をお芝居してもらった後、学生に良いカップルの例も演じてもらう。すると双方から「他の人を好きになるんじゃないかと不安になった」「あなたをもっと好きになるかも」など爽やかな感想が出てきます。

　束縛は愛じゃない。「自分のことを大切にする」「相手を大切にする」とはどういうことかを学び、その感性で社会へ目を向けて欲しいと願っています。

<2014年3月19日◎第657回>

つながりたかったワタシ

たくさんあるプログラムはどれも興味深かったです。それにしても、子育て中のママたちが地域でパッと集まって、これだけの活動ができてしまうことそのものが素晴らしい。意識もスキルも高い優秀な女性が、札幌にはたくさんいますね！

札幌人図鑑 File No.063 | 大灘めぐみさん | 一般社団法人めぐみの樹 代表理事

就労支援という仕事

おおなだ・めぐみ
1975年千葉県生まれ。2012年めぐみの樹設立。児童から老人まで支援できる法人を目指し、カフェやパン工房の運営も行う。

つながりたかったワタシ

　吹き抜けの天井が気持ちのいいカフェで、障害のある人たちがお菓子の計量など日々の軽作業を行い、訓練を重ねている。白玉入りのたい焼きなど手作りのスイーツが並ぶカフェの隣にはお菓子を作る工場も。優しく見守る代表の大灘めぐみさんに話を聞きました。

やったことのないことを教える時のご苦労は?

▶ まず、ここに通うということが大切です。働くとなると、毎朝決められた時間までに身支度をし、ここまで通うことができないと、仕事としての通勤ができないので。コミュニケーションが苦手な人にはあいさつから教えますし、人がいるだけで緊張して奥に隠れちゃう人もいるけれど、少しずつ慣れて、今は堂々と接客ができるようになりました。

　親がいつまでも元気なわけではない。いずれは自分でご飯を作ることもしなければならないので、包丁の使い方も教えます。生活にかかわることや、生きるために必要なことが一つでもできるようになると、うれしくて、支援するスタッフみんなで泣いちゃう時もありますね。

この仕事をするようになったのは?

▶ 幼稚園の頃、毎日のおやつの時間が楽しみでした。ある時テレビで発展途上国の子供たちが、食べるものもなく濁った水を飲み、やせ細っている映像を見てびっくり。自分は毎日お菓子が食べられるのに、どうして食べられない子がいるんだろうと。

　分からないことは全部「なんで? どうして?」と尋ねる

子だったので、翌日おやつの時間に先生に聞いてみたんです。「このおやつを、アフリカやカンボジアの子供たちに送ることはできないの?」と。すると先生は少し考えてから「それは、めぐみちゃんが大きくなればできる時が必ずくるから、その時にしたらいいよ」と教えてくれました。

> その場しのぎじゃないステキな答え!

よくお菓子を持ち帰って川に流したりしていましたね。川と海はつながっているから、誰かに届くかな〜と思って。いま思えば川を汚しちゃってるのですが(笑)。

実はこのことは、その後思い出すことはなかったのです。大人になって、カフェとかワインの製造販売とかいろんな仕事をがむしゃらにやってきたのですが、ある時「就労支援という仕事もあるよ」と聞き、興味を持ちました。「福祉関係の仕事はしたことがなかったな〜。やってみたい」と直感したんです。

そうやって福祉の仕事に携わるようになった時にふと、あの先生の言葉を思い出しました。その時は自分に何ができるか思い浮かばなかったけど、福祉の分野の仕事に就いたことで「何かつながるかも」と感じたんです。

> 新しい提案があると聞きました

▶ 備蓄できる災害用のビスケットを作っています。焼き上げたビスケットをフリーズドライ加工して水分を飛ばし、専用のガスを充填(じゅうてん)してパッケージ。7年間保存できます。

つながりたかったワタシ

江差町の社会福祉法人から委託製造を受け、これを毎日8000本焼き上げています。

　7年もつという利点を生かした新しい取り組みがまだあるんです。7年間の賞味期限のうち残り2年間を残し、5年目で引き取る。それを全国の児童養護施設に備蓄用として寄付していただきたいという提案です。それにより、各児童養護施設の備蓄にもなり、更に賞味期限が迫ればおやつとしておいしく食べられます。

　2年早く次の備蓄品を入れ替えていただき、その2年分を寄付していただくことで、児童養護施設の子供たちと、委託製造をしている事業所で働く利用者の両方を支援できる。そんな輪を一緒に広めていける企業を探しています。

<2014年3月24日◎第662回>

日頃から子供たちの施設など福祉のネットワークがあるからこそ思いついた新しい提案がユニークです。子供の頃に描いた未来を、楽しく正しく実現していて素晴らしい。新しいビジネスは誰かの笑顔のために。これが一番の近道。

札幌人図鑑 File No.064　髙倉嗣昌さん

公益財団法人ふきのとう文庫 代表理事

障害を持つ子との交流の場に

「ふきのとう文庫」は2014年に中央区桑園に移転オープンした子ども図書館。長期入院や心身に障害のある子供たちにも本に親しんでもらおうと、布の本や拡大写本を多くのボランティアとともに製作しています。代表理事の髙倉さんに話を聞きました。

たかくら・つぐまさ
1937年札幌市生まれ。北大、北海学園大などの教員を経て2004年から現職。札幌市図書館協議会委員。

つながりたかったワタシ

布の本はここから全国へ広まったそうですね

▶ 創設者は小林静江さんです。東京出身で、今の津田塾大を出て児童図書の仕事をしていましたが、夫の転勤で札幌へ。そこで自宅を開放して文庫活動を始めたんです。

ある時小林さんは、長期入院児の母親から「知的障害があり盲目なのですが、耳は聞こえるわが子にも本を」と相談を受けました。そこでいろいろ探し回る中、アメリカの友人が「こんなのがあるよ」と送ってくれたのが布の本との出合い。「これはいい」と自ら試行錯誤しながら手作りしたのが始まりでした。

あれから40年。今では全国で布の本が親しまれています。

西区平和にあった前の図書館はその小林さんが?

そうです。財団を立ち上げて、自前で建てた図書館なんです。当時私は札幌市内のいろいろな大学で社会教育を教えていましたが、講義だけでは不十分だからと、評判を聞いていたその図書館へ学生を連れて見学に行ったんです。そうしたらもう、こんな図書館があるのかと驚いてし

まって。特に布の本を見たときは、「感銘」を通り越してショックでした。

それからというもの、毎年それらの大学の学生を連れては通い続け、気づけば運営にもかかわるようになりました。そしてとうとう10年前、小林さんが年だからと退き、後任の理事長をお引き受けしました。

> 移転オープンしたこの場所は、髙倉さんの先代からの土地だそうですね

◐ 祖父は実業家でした。十勝で商売に成功した人で、帯広には胸像もあるんですよ。その祖父が札幌へ出てきて最初に住んだのがこの場所です。

祖父は定山渓の温泉を札幌の旭山公園の下まで引いて温泉街にしようという事業で失敗。家業を継ぐ気でいた父は継ぐことができず、北大で農業経済の教授などをしながら、郷土史の研究者として活躍しました。

当時から、この辺りには北海道帝国大学の教授がたくさん住んでいて「博士街」と呼ばれていたほど。もともと文化の香りが高い土地柄なので、西区の図書館も古くなったし、中央区の便利なところの方がより多くの人に使っていただけるし、と考え、77年住んだこの土地の3分の2を寄付して図書館の移転を決めたのです。

> いいお話! これほどふさわしい場所はありませんね

◐ 図書館の2階には大きな作業場があり、布の本や遊具の他に、弱視の子供にも使い勝手のいい拡大写本など

つながりたかったワタシ

を製作しています。一般の子供と障害を持つ子との交流の場にしたいという願いからです。

本の製作や図書館の運営は全てボランティアで、約120人もの人に登録していただいています。移転に際しては補助金のほか、800の個人・組織から2700万円もの寄付をいただきました。それだけ多くの人の思いの詰まった図書館なのです。

創設者の小林さんには障害を持つ妹さんがいて、その方は寝たきりでも点訳の奉仕をしていたそうです。それに比べて、自分は健常で大学まで出させてもらったという思いがあり、文庫活動も障害を持つ子に焦点を当てていました。だから、これからも私たちは、布の本の国内発祥の場として工夫を続け、福祉に軸足を置く図書館という特徴を生かして活動を続けていきます。

<2014年7月26日◎第756回>

「親から受け継いだ土地の3分の2を寄付した」というくだりで、奥さんやお子さんがよく許してくれましたね、と思わず口が滑った福津です（笑）。学者街の話も楽しかった。ちょっとだけ前の札幌の話を当事者から直接聞くのはとても貴重で、大切な時間だと感じています。

札幌人図鑑 File No.065 吉岡宏高さん
NPO法人炭鉱の記憶 推進事業団理事長

埋もれていたものをアートの力で

よしおか・ひろたか
1963年生まれ。札幌国際大学観光学部教授。故郷の空知産炭地域で「炭鉱の記憶」をもとにした地域活性化の活動を98年から展開している。

つながりたかったワタシ

2014年に初めて開かれた「札幌国際芸術祭」のテーマは「都市と自然」でした。多くのアーティストが炭鉱をテーマにした作品を発表し、その存在にあらためて思いをはせる機会になりました。三笠炭鉱跡の廃墟を使ったアートイベントをコーディネートした吉岡さんに聞きます。

> 同年代ですね笑

▶ 北炭幌内炭鉱（三笠市）で育ちました。でも母の実家が札幌だったので、札幌の病院で生まれましたし、祖父母がいる札幌へも折りにふれ遊びに来ていました。札幌は、訪れるたびに町がどんどん変わっていきました。1972年の札幌オリンピックに向けて、急激に新しくなった。「虹と雪のバラード」そのままだったなぁ。

> 町が〜できる〜
> 美しい町がぁ〜♪

一方、自分の住む産炭地域は対照的にどんどん寂れていきました。町の活気は僕が生まれた頃がピークで、あとはもう坂道から転げ落ちるようにダメになっていった。子供心に理不尽だと思ったもんです。今では自分の家はおろか、同級生だって誰も住んでいません。

> そうだったんだ…

いまの炭鉱跡地は、地元の人にとっては見慣れた廃墟、負の遺産。だから町を何とかしようと、カナダだチロルだロボットだといろいろやってきたわけですが、みんな失敗した。よそで上手くいったことをまねして、こっちに持ってきたってダメだということです。

札幌だって他人事じゃないですよ。いまこそ不易流行

（伝統を重んじつつ変化を恐れないこと）を問い直す時期だと思うんです。もっと足元に目を向けて、今ここにあるものにスポットを当てなくては。

空知には過去の残骸と栄光、失敗が残っています。それをいま、アートという一つの表現で見せています。2004年に赤平の炭鉱でやったのを皮切りに、ここ10年で5回、アートの取り組みを行いました。地元の人たちには見慣れた廃墟でも、全く炭鉱を知らない学生やアーティストたちは、その後ろにある歴史的な文脈や場の力を読み取って表現してくれるんですね。

▶ われわれが学校で習ったような美術と違って、今の学生がやっている現代アートは心がピュアで作品も面白い。石炭って、一つの炭鉱で年間100万トンとか、空知全体では年間1500万トンとか掘っていたわけですから、圧倒的迫力がまだ残っている。そこにちょっと意味を加えると、埋もれていたものがもう一度浮かび上がってくるんです。

本当にアーティストさんはすごいなー、われわれにはできないなぁーと思います。地域に詳しい私たちと、そこに異なる価値を与えてくれるアーティストさんと、一緒に共同作業をやってみると、その先に明るい未来が見えてくると感じています。

「炭鉱に来てください」と言ったって、石炭なんて見たこともないし、ピンとこないでしょ？　だけど「アートをやってますので見に来てくれませんか?」と言うと、来てくれた人は「炭鉱ってすごいんだね」と言って帰ってくれる。とても手応えを感じているんです。

▶ 夕張の破綻をきっかけに「炭鉱（やま）の記憶推進事業団」というNPOを立ち上げて8年。活動自体は15年やっています。

過去のないところに未来はない。これはドイツの炭鉱に

> 大事なお話です…

> 本当に素晴らしかったですね！

つながりたかったワタシ

> 地域と一緒に！

> 炭鉱に触れる機会って、なかなかありません…

教えてもらったメッセージで、世の中がどんどん変わっていく中、どうやって生きるべきかの分岐点にきていると思う。だからなおさら、可能性を秘めた空知という場所に来て、一瞬立ち止まって考えてみて欲しいんです。

> 場の力は大きいと思います

石炭産業は最初の50年で急激に成長して、その後50年で急激に衰退しました。北海道を築いた基幹産業としての歩みを伝えることは、これからの急激な人口減少・高齢化を迎える町の明日を占う貴重な手がかりにもなります。

100年の間に、なぜこんなでかい町ができちゃったんだろうということを、今こそ問い直したい。だから僕は、まちづくりをやっているんです。

<2014年8月7日◎第768回>

札幌生まれの私は、それこそ札幌五輪のテーマソング「虹と雪のバラード」そのままに、美しい町がみるみるできあがっていく様子を見て育ちました。札幌からそう遠くない場所で、同じ世代でこれほど違う風景を見てきたのかと驚き、印象に残った取材でした。アートイベントは本当にすごいですよ！

脳卒中が新しい人生を教えてくれた

札幌人図鑑 File No.066　畠中秀幸さん　建築設計・音楽企画事務所「スタジオ・シンフォニカ」代表

実験的でスタイリッシュな建築で数々の賞を受ける一方、音楽家としても幅広く活躍する畠中さんは2011年5月、脳卒中で倒れて入院、右半身に障害が残った。現在リハビリをしながら活動を継続し、ユニバーサルデザインの建築が注目されている。

はたけなか・ひでゆき　1969年広島県生まれ。京都大学工学部建築学科大学院修士課程修了。95年設計事務所アトリエ・ブンク入所、札幌ドームの計画に携わる。2003年独立。

つながりたかったワタシ

▶たくさんの方に心配をおかけしました。倒れてから3年になります。臨死体験もしたんですよ。本当にお花畑が見えちゃった。

　音楽仲間の目の前で、タクトを振っている最中に倒れたんです。周りに人がたくさんいる時でよかった。一人で部屋にこもって建築を考えている時だったら、今の自分はなかったかもしれません。

　僕は左の脳が当たっちゃったから、右半身に障害が残りました。唇の右側は、歯の治療で麻酔を打った感じで常に違和感がありますが、言葉はだいぶ回復しました。手足もリハビリでずいぶん良くはなったけど、例えばお風呂に入る時、右足は何ともないのに左足は熱くて入れないといった不思議な感覚の中で生活しています。

　左の脳は、計算をしたり物を認識したりする「知覚脳」、右の脳は空間を認識したり感情を感じたりする「感覚脳」と言われていますね。僕は主治医に、どうして僕は左脳だったんだろう、どうせなら右脳の方が仕事に影響がなかった

脳卒中で倒れたと新聞で知って驚きました！

利き手に障害が…お仕事に影響も？

のにと言ったことがあるんです。

　でも主治医は「違う」と言いました。建築だって音楽だって、感覚を研ぎ澄まさないとできない仕事。だから左脳でよかったんだって。僕は「なるほど」と思って、リハビリをしながら、これまでとは違った捉え方で建築をするようになりました。以前は自分の「前」とか「上」とかで空間を認識していましたが、今は左右の違いなど、平面的な関係も意識するようになりました。

ユニバーサルデザインの建築が話題ですね

▷ 先日、高齢者施設を建築する時も、街のあり方を建築に映し込むとどうなるだろうと考え、機能的で管理のしやすさの求められる施設で、あえて5メートル幅の廊下を作ってみました。その廊下は大通り、食堂は広場のようなイメージです。すると入居者が、部屋の外に出てくるようになった。家から街に出かけるような感覚でしょうか。ついでに部屋番号も、何丁目何番地みたいにしたら好評で。オーナーも喜んでくれました。

面白い！
心のバリアフリー！

　たまに地下鉄に乗って出かけるのですが、街はまだまだバリアだらけと気づきます。本来、建築をやっている者ならもっと早く気づくべきだったのに…今までどうして気づかなかったんだろう。同じような障害の人と目が合うと、言葉を交わさなくても「お互い頑張ろうね」みたいに気持ち

が通じる感じがしたり。これから自分がやるべきことが見えたような気がしています。

> 音楽家としての変化は?

⬤ 音楽では、立場の違う人をつなぐ「北海道吹奏楽プロジェクト」を立ち上げました。例えば高校生と中学生、プロとアマチュア、高齢者と若者といった通常では一緒に活動していない人たちをつなげると、面白い化学反応が起きるんです。先日、吹奏楽部の高校生を連れてある施設へ慰問に行ったんですが、その時に演奏したのはマイケル・ジャクソンの「スリラー」でした。

> 「高校3年生」じゃないんですね笑

今の70代は、この辺りの曲を懐かしいと言って喜んでくれます。「僕が君くらいの頃に流行ってた曲だよ」って。逆に高校生には、初めてこの曲を知ったという子もいて、楽しく交流できました。

障害を持ったことで、楽器の演奏は以前のようにはいかないけれど、指揮やプロデュースはできる。だからこれからも、音楽の時は建築のように、建築の時は音楽のように考えていきたいですね。

<2014年10月16日◎第838回>

実は偶然なのですが、私は畠中夫妻の結婚披露宴の司会をさせていただいています。札幌の建築業界や音楽業界の重鎮がそろい、ホテルスタッフも気合を入れて臨んでいました。余興はもちろん音楽三昧。新郎新婦と仲良しの音楽仲間が演奏し、それはそれは華やかで気品の高い式でした。畠中さん、ますますパワーアップされていて、とてもうれしい取材でした。

札幌人図鑑 File No.067 岡本卓也さん

北海道ユースミーティング実行委員長

「子供の貧困」について知って欲しい

おかもと・たくや
1993年兵庫県生まれ。北大法学部在学中。大学1年生の頃からあしなが育英会で活動する。

つながりたかったワタシ

取材したのは2014年12月。今でこそ「こども食堂」の数も増え、こどもの貧困に向き合う流れが大きくなってきました。しかし当時はまだまだ認知度も低く、ニュースで話題になったとしても「よもや札幌で……」と半信半疑。そんな思いの中でインタビューしました。

活動のきっかけを教えてください

▶ いま子供の貧困が問題になっています。大ざっぱに言うと、親の年収が平均の半分以下で、物質的・精神的に周りと同じ水準の生活ができない家庭の状況を「相対的貧困」といいます。国が行った2012年の調査では、「6人に1人の子供が貧困」ということが分かっています。

貧困の理由はさまざまです。父親と死別や離婚して母子家庭だったり、そもそも親が分からない子もいます。いま子供の貧困対策を国を挙げて進める動きがあります。北海道でも子供の貧困対策計画案というのが作られようとしているのですが、それがいつになるかが分からない。

北海道は遅れているんですね…

京都などはもう計画案ができて、さらに検討会のメンバーに当事者も入れた取り組みが進んでいます。いっぽう北海道は、計画案を作るということは決まっていても、予算を含めて具体的な動きがはっきりしていない。北海道は収入が低い上に土地が広大で、なかなか支援が届きづらいという声もあります。

北海道特有の障害があるわけですね

▶ だからこそ、こどもの貧困問題に光を当て、当事者の

声を含めた検討会にするよう声を挙げなくちゃいけないんです。「あしなが育英会」をご存知でしょうか。僕は1歳の時に父が病死し、母子家庭で育ちました。大学進学をきっかけに、あしなが育成会から月に4万円の奨学金を借りています。これは無利子の貸与です。

> え!? もらえるんじゃないの?

無利子は大変ありがたいのですが、働くようになったら月に1万円ずつ返さなくてはいけない。10年も20年もかけて返済する人もいます。そこで奨学金を借りると、1年間はボランティア活動を手伝わなくちゃいけないという決まりがあり、主に街頭に立って募金活動をします。

奨学金の母体は「あしながさん」という長期的にお金を寄付してくれる方々なのですが、募金の目的は、活動がいろいろな方に支えられていることを実感することと、広報的な意味があったのではないかと思います。とはいえ、朝9時から夕方6時頃まで……。親との死別体験の話をするボランティアスタッフもいますが、僕の場合1歳の頃の話なので、正直そんなに実感はない。

> それはキツいなぁ…

だから自分の体験談を話して募金を集めるというのが、実はすごく嫌だった。肉体的にも精神的にもキツくて、お恥ずかしい話ですが、2年目からは行くのをやめてしまいました。

▶ そんなある日、あしながで東京の大学へ進学し、学業とアルバイトを両立して頑張っていた仲間が、大学を中退したという話を聞きました。病気になった母親を助け、家計を支えるために学業を断念したそうです。あんなに頑張って勉強していたのに……。でも自分だって、母親が倒れたらそうなっていたかもしれない。あらためて貧困問題を考えるきっかけになりました。

> 支援がまだまだ必要ですね

そこで僕は学生を中心に仲間を募り、「北海道ユースミーティング」を企画しました。副題は「北のチカラ! 子ども

つながりたかったワタシ

の貧困対策どさんこ緊急決起集会」です。当日は、奨学金を借りて学校へ通う女子高生や、4人の子供を育てているシングルマザー、児童養護施設で育った男性など、当事者の実体験とナマの声を聞かせてもらいました。

そのあと、会場の「かでる2・7」から札幌駅までパレードをしたんですが、これはちょっと議論になりました。パレードは「デモ」という印象を持たれる人も多いと思う。僕らとしては、子どもの貧困を訴えるのに「デモ」をやってはいけないだろうという思いがあった。

> 当事者の声を聞くのが一番ですね

だけどどうしても、会場の外にいる人に効果的に知っていただくために、パレードは必要だよねと話し合いました。通常のデモなら「子どもの貧困をなくそう!」みたいなシュプレヒコールをやるところなんですが、あれはやめようと。代わりにいま流行りの「妖怪ウォッチ」の音楽をかけながら歩くことにしました。看板も、強い言葉はやめて、「知っていただきたい」という言葉のプラカードや小さなフラッグ、風船などを持って。

> なるほどー

北海道では初めてだと思います。関心を持っていただけるかどうか不安でしたが、ふたを開けてみたら200人のイベントになっていました。もちろん5年、10年で解決する話ではないので、これをきっかけに広くみなさんに知っていただきたいと願っています。

> 優しい気持ちの輪が広がりそう!
> そういうパレード、見たことないなぁ

<2014年12月18日◎第901回>

子どもの貧困については、その後北海道でも計画案が作られましたが、支援が必要な事情は10人いれば10通り。外から見る印象と現状はかけ離れていることがよく分かりました。必要なサポートを多角的に行う近道は、やはり当事者の声を丁寧に聞くこと。そして札幌人図鑑も、そんな声を、届いて欲しい人に届けられるメディアでありたいと強く感じる取材でした。

つながりたかったワタシ

札幌人図鑑 File No.068 NOBI さん　ライブハウス G-HIP オーナー

好きだったら もう一度 触ってみれば

取材を通して知り合ったアマチュアバンドの方々からリクエストの多かった NOBI さん。米国人の奥さまと5人の子供たち、そして店を手伝う73歳のお母さまも交えてアットホームにライブハウスを営む。ギターのテクニックにも定評のある NOBI さんってどんな人?

ノビ
1968年岩見沢市生まれ。豊平区平岸で Live Bar & Studio G-HIP とカラオケ喫茶 & Bar King-yo（きんぎょ）を経営する。

わぁー！ ドラム、ピッカピカですね

▶ この新品のドラムセット、見てくださいよ。もともと店にあったドラムセットが古くてダメになって……。常連さんが、オレに内緒でカンパを集めて店にプレゼントしてくれたんです。すごいでしょ？　ほんと、ビックリしたなぁ。

ライブが相当盛り上がるそうで…

こんな小さな店だけど、みんなここが、音楽が大好きなんです。普段は一生懸命サラリーマンやってる男も、ここに来ると別人になっちゃって。ライブとなると衣装に凝ったり、メイクまでしたり。演奏技術というより、そういう楽しそうな姿を見られるのが店でのやりがいかな。

うちのお客さん、みんないいギター持ってるの。オレのよりいいの。悔しいくらい。で、大切にしてるの。もうピッカピカ。好きなんだねー。うちは平日はバー営業で、週末はライブハウスなんだけど、そんな音楽好きがワイワイ集まる店を平岸でやっています。

影響を受けたミュージシャンは？

▶ 15歳でヴァン・ヘイレンを聴いて衝撃を受けて以来、人生が変わりました。音に衝撃を受けてしまって、翌日すぐ親父に安いギターを買ってもらったんだけど、朝から晩ま

で一日中寝ないで、それこそ学校も行かないで（笑）ギターばっかり。将来はギタリストになろうと決めていました。

自分で言うのも何ですが、オレは集中力があって、勉強でもスポーツでも何でもできた。今だから言うけど、ろくに高校も行ってないのに成績が良かったので、大学も推薦で。そこでも結局音楽三昧で、卒業後すぐに渡米したんです。

> 音楽一筋ですね。
> 渡米して
> どうでしたか？

アメリカに行って良かったのは、音楽に対しての考え方が変わったこと。頑張って技術を磨くことより、どれだけ音楽が好きか、どれだけ音楽を信じているか、そしてそれをどう表現するかなんです。すっかり感化されましたね。自分の個性を自分らしく音楽で表現することを、向こうの人に教えてもらった。

向こうの人は、音楽をやるときはみんな笑顔なんです。どんなにお金がなかろうが、一緒にいるヤツを大切にするし。音楽で幸せを感じられることが大事なんだと。

> 幸せを
> 感じるかどうか…

日本では熱心になるほど、ともすれば口論になったりバンドを抜けたり。でも、そうすると人間関係がギクシャクするから、我慢してやり続けたりする。向こうでは、やりたい方向が変わってグループを抜けるとしても、「グッドラック」と気持ちよく送り出してくれる。そして音楽を愛する者

同士、有名になってもならなくても応援し合う気質がある。それを肌で感じられたことが一番の収穫でした。

今の生き方につながっていますね

▶ 愛する家族と音楽好きの常連客でワイワイ店を営業できている今の暮らしはハッピーだと思う。音楽はこれからもずっと続けます。よくお客さんで「俺も昔はギターをやってたけど、もう何十年も触ってない」っていう人がいるんだけど、そういう人には「好きだったらもう一度触ってみれば、また明日から人生を楽しめるよ」って言いたいですね。

音楽は自分が幸せになるための一つの道具。好きなら、いくつになってもまた始められます。人と比較して努力するんじゃなくて、過去の自分より上手くなろうと努力することが大切。闘うべきは昨日の自分です。だから当然、今のオレより60歳になったオレの方が、ギターは上手くなっていると思う。オレはそう信じてるんです。

<2015年1月16日◎第930回>

噂どおりのNOBIさんの人柄に触れ、一緒に音楽で盛り上がれる常連客をうらやましく思いました。「好きなことがあればいくつからでも始められる。そうすれば明日からの人生をもっと楽しめる」という言葉が、心の中でいつまでもリフレインしました。

札幌人図鑑 File No.069 土畠智幸さん
医療法人稲生会理事長・生涯医療クリニックさっぽろ院長

医療も介護も福祉も教育も

どばた・ともゆき
1977年札幌市生まれ。人工呼吸器を必要とするような重度の障害を持つお子さんと若年障害者に在宅医療を提供している。

つながりたかったワタシ

呼吸器をつけた重度の障害を持つ子どもが自宅で療養する。以前はかなわなかったことが、医学の進歩で可能になってきました。しかしそれに伴い、診療の形もサポートの仕方も、よりパーソナルな視点が求められるように。訪問医療と向き合う小児科医のインタビューです。

訪問診療をされるきっかけは?

▶ 手稲渓仁会病院で小児科医をしていた時、鼻に呼吸器をつけて家に帰る子どもの患者さんがいたんです。その子は母子家庭で、お母さんが自宅で仕事をしているため、家で様子を診られるからと。でも月に何度か病院に来るのは大変だというので、それなら往診しますよということになりました。

優しいなぁ

その日はいつも通り病院勤務が終わってから、同じく医者をしている妻と子供を連れて、その子のお母さんが気兼ねしないよう「遊びに来ましたよ〜」っていう感じで伺ったんです。ところが患者さんの顔を見た時、いつものように「今日はどうされましたか?」と言ってしまいそうになり、慌てて言葉を飲み込んだんです。僕の方が行ってるわけですから。「あなたこそ何しに来たの?」って感じですよね。

想定外のアウェー感

内心動揺し、その後の言葉がなかなか出てこなかった。このことは今も僕の心にずっと残っています。白衣を着ず、患者さんの生活の中に入っていくということはどういうことかをいつも考えるようになりました。

僕が医者になるために大学で学んだことは、病院に病を抱えた患者さんが来て、自分たちがプロフェッショナルとして解決してさしあげるということ。でも、学校へ行けないとか、旅行に行けないとか、友達と遊びたいけど遊べないとか、生活の中のそれらのことは、僕の学んだ医学では解決できないということに気づきました。そこで、北海道大学の公共政策大学院で4年間学ぶことにしました。
▶小児科医として勤務し、木曜日は当直なので病院に泊まり、翌朝8時半から夕方6時までびっしり授業。医学で解決できない部分を、他の学問ではどういう扱いをするのかを学びました。システムをどう作るか、法律が必要なのか、法律じゃない制度が必要なのか、実践としてやればいいのかなど、医学分野じゃない、年齢も仕事もさまざまな人たちとディスカッションする。そんな小さな社会を経験できたことが大きかったですね。

> 病院で働きながら大学院へ!?

> 確かに、医学部では学べない内容ですね

つながりたかったワタシ

　大学院の論文は、今の医学のあり方を、社会理論を使って分析する内容にしました。僕は2003年に医者になりました。2000年代に「医療崩壊」という言葉が頻繁に取り沙汰されたのを覚えていますか？　地方の医者が少ないとか産婦人科や麻酔科の医者が少ないとか…そういうこともあるかもしれないけど、なんとなく社会全体が医療崩壊と感じていたからクローズアップされたんじゃないか。それを論文にまとめたことで、今までの医学はこう、いま現在はこう、というところまでは分析できた。

　でも問題は、これからをどうするかです。解釈はできるけど、「それを変えるにはどうすればいいのか」を学びたくなった。そこで今度は、北大の教育学の博士課程で学び始めました。だから僕は医学部で6年、公共政策大学院で4年、教育学部で6年…全部で16年、北大で学ぶことになります。

> どんだけ北大好きなんですかー！笑

そんなわけで現在は、社会教育研究室で研究しながら仕事をして…間違えた、仕事をしながら研究しています！（笑）

▶稲生会の理念は「困難を抱える人々とともに、より良き社会をつくる」です。僕らは主に呼吸器を使う重症の患者さんを診療しています。昔はその方々のために僕らは何をしようかと考えていたけど、でもよく考えると、そんな自分には知識がなかったり経験がなかったり……。とすると、僕もまた困難を抱えているのではないかと。

> みんな、何かしらの困難を抱えているんですね

障害を持つ子のお母さんがほとんど外に出られないとか、どうしても端に置かれる兄弟姉妹、経済的に困っている人…どんな困難を抱える人も、「これがあったからこそ今の自分がある」と思えるような社会教育の場を作りたい。

そんなわけで、まずは手始めに院内に「みらいつくりカフェ」を作りました。誰もが主役になれて、楽しく学び合える場所。医療も介護も福祉も教育も、みんなつながっている。医療法人がまちづくりの拠点になれたらと考えているんです。

<2015年2月9日◎第954回>

取材の後、札幌人図鑑を気に入ってくださった土畠先生の熱い要望で「稲生会図鑑」の立ち上げをお手伝いしました。はじめは福津がインタビュアーになり、それに同行する形で動画編集などを行っていましたが、今は稲生会の関係者だけで更新しています。障害当事者や介護従事者の思いをカジュアルに楽しく紹介しているので、ぜひ検索してみてください。

札幌人図鑑 File No.070　室城信之さん　北海道警察本部長

たくさんの人と力を合わせる仕事

　北海道に赴任なさって半年頃のインタビュー。交通事故の発生件数が常に全国ワースト上位の北海道で、さぞやご苦労も多いはず。カタいイメージの北海道警察へ足を踏み入れるのは初めてで、緊張しながら伺うと、拍子抜けするほどにこやかに迎えてくださいました。

むろき・のぶゆき
1957年京都府生まれ。警察庁暴力団対策課長、内閣総理大臣秘書官、道警本部長などを経て道路交通情報通信システムセンター（VICSセンター）常務理事。

つながりたかったワタシ

北海道に赴任されて、どうですか？

▶北海道警察は、北海道という広大な土地で、道民の安心・安全を守る仕事をしています。職員は全道で1万1千人。やりがいのある仕事ではありますが、最近はDV事案やストーカー事案、振り込め詐欺、災害・事故などさまざまな事案があり、その中で安心・安全を守るには、限られた人員で最大の力を発揮する必要があります。ですから本部長として心がけているのは、この1万1千の職員が心を一つにして、組織としての力を最大限に発揮できるようにすることです。

　警察の仕事って、目立つ仕事もあれば、裏方を支えるような仕事もたくさんある。交通違反の取り締まりのようにドライバーに恨まれてしまうようなつらい仕事もあるけれど、でもそういう仕事があって初めて、事故で亡くなる方を減らすことができる。だからチームとして頑張ろうという気持ちで仕事をしています。

　例えば福津さんはこれ（図を出して）、何に見えますか？回してみてもいいし…逆さまにするとどうですか？　これ、

お辞儀する人？ランプシェード？

職員に聞いてみると、せいぜい一人5個くらいしか思い浮かばないんです。でも、何人かでやってつなぎ合わせてみると、20でも30でも出てくる。

いろんなものに見えるはずなのに、一人のアイデアだと限りがある。個人の力には限界があるけれど、組織としてなら最大限の力を発揮できる。そんな組織作りを目指しています。また、人にはそれぞれ持ち味があります。みんなが金太郎飴のようでは組織のパワーが発揮できません。だから、それぞれの得意なこと・持ち味を生かした組織をつくりたい。ここが一番やりたいところです。

> 警察の方はスポーツ万能なイメージ。室城さんは?

▶ 学生時代は陸上部のキャプテンでした。専門種目は幅跳びと三段跳びです。高校までは部員数が少なかったのですが、東大では部員数が百人。大学同士の対抗戦も初めて経験しました。

陸上部に入ってくる人は、そりゃあみんな選手になりたい。選手になれないとふてくされてしまう。ただ対抗戦の競技会は、補助をしてくれる部員がたくさん必要です。例えばハードルや器具を運ぶとか選手のサポートをするとか、裏方の仕事をする人が必ず必要。気持ちよく参加してくれる人もいれば、ふてくされて当日来ない人もいる。

> キャプテンは大変ですねぇ…

でも選手から漏れた人間も、次は自分が選手になるぞという気持ちで応援に回る。そうすると、出場する選手もいい加減な姿は見せられません。裏方の人間と選手の気持ちが一つになることによって、部全体の力も高まる。陸上は個人競技だけれど、チームプレーでもあると感じる経験でした。

▶ チームプレーと言えばもう一つ。私も出場した4×100メートルリレー。ライバルは京都大学です。

> 東大・京大対決だ!かっこいい!

実は向こうは10秒台で走る選手が何人も。こっちは一人もいないわけです。でも何としても勝ちたい! やはり

心が一つになることが大切！　ということで、バトンパスの練習のためにリレーメンバーだけの合宿をしました。

　すると、本番でびっくりすることが起きました。私がアンカーで待っていたら、東大の方が京大より早くバトンが回ってきたんです！　でも、京大のアンカーがとても速くて私は抜かれ、僅差で負けて2位でした。

　それでも、タイムとしては東大陸上部歴代2位の好成績。一人一人の合計タイムでいうと、こんな記録は信じられない。走った4人で驚きました。みんなの心がひとつになれば、1＋1＋1＋1は4ではなく5にも6にもなるんだという体験をしたんです。

　これって、もしかしたら社会に出ても通用する話かもしれない。就職するとしたら、たくさんの人と力を合わせるような仕事がしたいという気持ちになったのも、この仕事を選んだきっかけです。

　それぞれの持ち味を生かして組織としての力を発揮する。スーパーマンは夢物語だけど、スーパーチームは実現可能だと信じているんです。

＜2015年2月24日◎第969回＞

> 素晴らしぃ〜〜！

つながりたかったワタシ

リオ・オリンピックで銀メダルを取った男子4×100メートルリレーに歓喜しながら、室城さんの話を思い出していました。自分一人で歯を食いしばるのではなく、仲間と心を通わせ力を合わせることこそ、不可能を可能にする近道なのですね。

> 「1000回達成後は少しだけお休みして、毎日更新ではなく不定期更新で継続していきます」。北海道新聞の取材では確かにこう答えましたし、実際そのつもりでおりました。しかし、終わってみるとまた私の悪い癖。いろいろ考えてしまうわけです。毎日更新したから3年で1000人達成できたけど、不定期で更新したら2000人達成まで5年かかるんだか10年かかるんだか。その頃にはYouTubeだってなくなっているかも。その前に私自身が飽きちゃうかも。そもそも誰も求めていないんじゃないか。再開することに意味はあるのか。ぐるぐるぐるぐる。そうだ、1000回やってみた結果、芸術文化であと100人取材したくなったとか、介護福祉でもう200人とか、再開にあたっての大義名分と納得のいくゴールを見つけよう。それが見つかれば再開できそうな気がする。でもそれはなんだろう。食と観光も入れたいような。いや、それはたくさんあるからいらないか。いや、いらなくないな。まちづくりも教育も…オールジャンルで老若男女なのが楽しかった。私は楽しかったけど…そもそも札幌人図鑑って必要なのかな。ぐるぐるぐるぐる。

フクツの人々 ④

カメラ1台、どこまでも

答えを出せぬまま2カ月経ち3カ月が経った頃、ジェイコム札幌さんが訪ねてきました。「札幌人図鑑を、テレビ番組にしませんか?」

わたし、続けていいんだ! 札幌人図鑑を、求めてくれる場所があったんだ! うれしくてうれしくて、二つ返事でお引き受けしました。コミュニティーチャンネルであるJ:COMは、地域密着の「ど・ローカル」番組制作の命を受け、番組改編に向けて準備中でした。札幌人図鑑のスタイルがピタリとはまったわけですね。番組趣旨も取材スタイルもこれまで通りでOK。業界的にはあまり好ましくないそうですが、放送後、同じものをこれまで通りWebサイトにアーカイブすることもOK。そんなふうに、J:COM版は「札幌人図鑑.TV」として2015年11月2日、1001回目のゲストに秋元克広札幌市長を迎え、再スタートを切りました。

> Webからテレビ番組になって大きく変わったことは2つ。1つは、いまテレビは

大きな画面で見る人が多いので、最初から大きなサイズで撮影するようになったこと。大きくなると扱いも変わり、愛用していた Mac の iMovie という編集ソフトでは対応できず、使ったことのない Windows の EDIUS というソフトを覚え直す必要がありました。

　もう１つは、番組枠である時間内に必ず収める必要があること。正直、これまではほぼノー編集で YouTube にじゃんじゃんアップしており、10 分で終わる人も、45 分しゃべり続けた人もいたんです。それが必ず 19 分 30 秒に入れなくちゃいけない。このことは想像以上に私を苦しめました。慣れない編集ソフトで尺長をして、編集済みの素材を毎週金曜日に 5 本分納品する。これね、動画編集が趣味の友達がいたら聞いてみて欲しいの。すんごく大変なんだから。半べそで大汗かいてやっとの思いで仕上げてきたんだから。でもね、どんなに大変な作業もだいたい 2 カ月で慣れます。経験上、そんなもんです。

　「札幌人図鑑 .TV」はジェイコムの上層部に大変好評で、同じスタイルの番組が全国の J:COM で誕生しています。「仙台人図鑑」とか「横浜人図鑑」とか……。現在 15 番組となった「J:COM ご当地人図鑑」は、今後、全国どこの図鑑でも視聴できるようにするそうです。とっても楽しみです。

　思えば札幌人図鑑を立ち上げたおかげで、HTB（北海道テレビ放送）の番組審議委員をさせていただいたり、UHB（北海道文化放送）でコメンテーターをさせていただいたり、公的なお仕事もいろいろさせていただきましたし、こうやって本まで出させていただきました。これからは、これまでの経験をどうアウトプットしていくか、地域のためにどう役立てていけるかを、しっかり考えなくてはいけません。

▶立ち上げの頃は若い人に向けて、「こんなにさまざまな働き方・生き方がある」ことを伝えたいという裏テーマがありました。5 年経った今、自分の年齢が上がってきたせいもあるかもしれませんが、興味があるのは「セカンドキャリア」、そして「女性の働き方」です。これからは番組自体が地域のハブとなり、新しい提案ができるような企画を考えていきたいと思っています。

　札幌以外にも頑張っている素敵な人がたくさんいます。「『北海道人図鑑』だったらよかったのに」とか、「海外でご活躍の札幌人はダメなの？」とか、実はさま

ざまなご提案もいただいております。私は自分が納得する「大義名分」さえ見つかれば伺いますよ。カメラ1台持って、体一つで、どこまでも。

　出版にあたり、お礼を申し上げなくちゃいけない方々のお顔がたくさん浮かんでいます。よく驚かれるのですが、私は大学受験に失敗し、お洋服が好きでアパレル会社に勤務、22歳で結婚し、それから10年間専業主婦でした。なので、普通の主婦だった私をラジオパーソナリティーに育ててくれた札幌市豊平区のコミュニティーFM局「FMアップル」関係者の皆さんに心よりお礼申し上げます。たくさんの札幌人とつながれたのは、間違いなくアップルでパーソナリティーを務めさせていただいた賜物です。ありがとうございます。それから、「ラジオだけじゃなく、写真や動画も覚えれば表現の幅が広がるぜ」と私を誘ってくれたNPO法人シビックメディアの関係者の皆さんにもありがとう。ここで撮影や編集のノウハウと、市民ジャーナリズムの何たるかを学び、「ようこそさっぽろ」制作メンバーに加えていただいたおかげで今があります。そして1000回を達成し悩んでいた頃、番組化の機会をいただいた「ジェイコム札幌」の皆さんもありがとう。いつも助けていただき感謝しております。これからも末長くよろしくお願いします。

　札幌人図鑑を3年間スポンサードいただき、応援し続けてくださった「さとわ内科クリニック」院長の佐藤達哉先生と奥様。おふたりの温かい応援がなければ続けられませんでした。本当に感謝しております。本の中で紹介させていただいた70名の皆様、図鑑でだけ話してくれたプライベートなエピソードを、不躾に活字にしてしまってごめんなさい。快く承諾いただき、心より感謝申し上げます。そしてなんといっても、大切な「時間」はおろか、交通費も自腹で取材協力していただいた1000人の出演者の皆さんに、心からありがとう！　とても小さくなっちゃったけど、編集者に頼み込んで全員のお名前を掲載させていただきました。自分の名前を探して、マーカーで線を入れて遊んでください。最後に、本を書くのは初めてで、すぐに筆の止まってしまう私を辛抱強く見守ってくれた編集者の仮屋志郎さんにもお礼を。皆さん本当に、ありがとうございました。

2017年1月　福津京子

▶サイト紹介
札幌人図鑑
さっぽろじんずかん

魅力的な札幌人を毎日紹介するインタビュー動画サイト。2012年5月1日開設。パーソナリティーの福津京子さんがインタビュー・撮影・編集を一人で担当、1回20分ほどにまとめる。お約束は、オープニングでゲストとともに「〜からお届け、さっぽろじーん・ず・か・ん」と歌うことと、事前の打ち合わせで決めた3つのキーワードをスケッチブックに手書きで示し、それに沿って進行すること。

ブログ感覚のリラックスした雰囲気でゲストの素顔を引き出すスタイルが評判を呼び、総アクセス数は100万を超える。ゲストは鈴木章北大名誉教授、栗山英樹監督ら著名人のほか、サラリーマンや主婦、学生などさまざま。第1回のゲストは定山渓温泉にあるホテルからホテルへ鯉のぼりを泳がせるためのワイヤーを張っている地元の水道業者、株式会社森田興業所の石川康夫社長だった。

2015年3月27日の1000回到達後、約半年の休止期間を挟み、同年11月2日からはジェイコム札幌が「札幌人図鑑.TV」として放送している。ウェブ版からの通算回数は1257回（2017年1月末現在）。

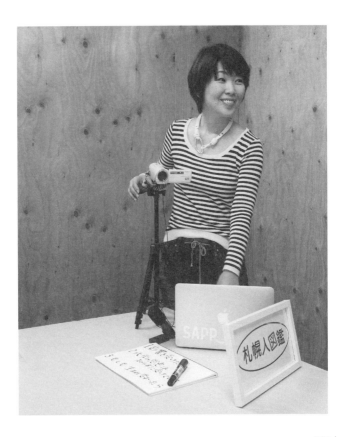

◯著者略歴
福津京子
ふくつ・きょうこ

　1964年札幌市生まれ。札幌大谷高校卒業後、アパレル会社で勤務。22歳で結婚し、以来10年間専業主婦。24歳で長男出産。32歳の時、アルバイト情報誌で「コミュニティーFMパーソナリティー募集」の記事を見て豊平区の「FMアップル」に飛び込み、月曜から金曜まで毎日3時間の生放送を15年間担当した。最後の3年間は放送局長を兼務し、48歳で独立。2012年に動画サイト「札幌人図鑑」を立ち上げ、1年365日毎日休まず、3年がかりで1000人のインタビューを達成。現在は札幌地区のケーブルテレビ「ジェイコム札幌」で番組化され、サイトの更新は今も続いている。

◯編集
仮屋志郎（北海道新聞社）

◯ブックデザイン
佐々木正男（佐々木デザイン事務所）

札幌人図鑑
さっぽろじんずかん

2017年3月4日　初版第1刷発行
著　者　福津京子
　　　　ふくつきょうこ
発行者　鶴井　亨
発行所　北海道新聞社

　　　〒060-8711　札幌市中央区大通西3丁目6
　　　出版センター（編集）電話 011-210-5742
　　　　　　　　　　（営業）電話 011-210-5744
　　　http://www.aurora-net.or.jp/doshin/book/

印刷所　中西印刷

乱丁・落丁本は出版センター（営業）にご連絡くださればお取り換えいたします。
ISBN978-4-89453-857-3
Ⓒ FUKUTSU Kyoko 2017, Printed in Japan

▶501〜サッポロビール・高島英也／札幌ものづくりオフィス&カフェSHARE・齊藤隆／ezorock・草野竹史／ゆうらん・松本公洋／フパーソナルスタイリスト・小泉薫子／South Area Network・津村謙一郎／未来の都市環境を創造するための実行委員会・佐々木絵／チョークアーティスト・笹森花恵／クラークシアター2013・半澤麻衣／カタリバ北海道2013年度学生代表・上田芽衣／神輿会札幌組・鈴木惠／Garage labs・赤沼俊幸／納棺師・安中ひとみ／グリーンハンズ・大宮あゆみ／Sapporo Cafe'・眞野明三／北野まきば町内飯島優佳／つきさっぷ新聞・石黒広美／行政書士・池田玲菜／社会保険労務士・若林成嘉／スズカ総合会計事務所・松本剛明／香純税理士事務所・李香純／KITABA・酒本宏／棋士・野月浩貴／Sapporoなでしこ・コワーキング・中原道子／メアリースクール&フェ・ブラジル・メアリーヒロ／仏画教室・国井愉希子／珈琲淹 REFINED・飛渡幸揚／神輿会北海睦・光永彰／Teach out in 北道・今井雅雄／NorthRopes・日高龍太郎／えこたん村・庄司周作／nesco遊佐悦志／アマチュアバンドコミュニティー・加藤実浩／北道大家塾・原田哲也／カメラマン・原田直樹／店舗用業請負人・山本忠／映画監督・坂本優乃／車椅子でキリマンジャロ登頂・猪杉司／ハーブコーディネーター・狩野亜紗乃／アプリ開発・伊藤輝／公文書館専門員・秋山淳子／寿伽琲・柴田寿治／ハンマーダルマー奏者・小松崎健／オペラ歌手・南出薫／Hokkaido Little Santa Run・柴本岳志／マリンバ奏者・手島慶子／enjoy育児「ニコニ会」・中島聖子／グラフィックデザイナー・川原田このみ／バリトン歌手・大野浩司／桐光クリエイティブ・吉田聡子／さっぽろ自転車ガーみやけりかこ／Hasamiya・竹島悟生／女流棋士・久津知子／札幌青年会議所理事長・竹原俊雄／寿産業・鈴木俊一郎／画家・ひろみゆ／オフィス・ワン・渡辺裕文／エンジェルコーチング・小川聖子／ガノンフローリスト・清野亢／野球評論家・金村暁／北海道の楽し100人・渡辺淳也／ZERO PLANNING・増井浄美／サイクリングフロンティア北海道・石塚裕也／SPAC滝野管理センター・今井健／エイブルソフト・森成市／hair hinomaru・小寺杏奈／カスケード・服部裕之／砂漠冒険家・鈴木淳平／木工家・若林克友／cavivid life・永谷聡美／cafe Bouquet・岸山裕子／エルグ・山岸正美／ふんわりセラピスト&ライター・古賀里香／やまとこころ・村山慶輔すいる歯科・阿部祐一／和光・田中伸一良／児童デイサービス ペングアートし部奈穂子／辺境カメラマン・残間正之／三吉神社禰宜・佐藤元昭／北洋銀行・横内龍三／北海道日本ハムファイターズ・栗山英樹／朝日新聞北海道支社・増井一実／石屋製菓・石創／ネガポ辞典制作委員・萩野絢子／農業を応援する税理士・森下浩／ヨミガタリスト・まっつ／カメラマン・田渕立幸／セントラルフモーション・三島敬行／助産院 エ・ノ・ボ高室典子／サウンドーブ・佐竹真一／ツナギスト・ヤンジー山口／伊藤塗工部・伊藤龍平／スプカレーコーディネーター・玉木雅人／小林牧場・小林紀彦／yhsプレイヤー・小林エレキ／あやの里あやの森プロジェクト・アグネス山／日本航空・藤田克己／三角山放送局・木原くみこ／漫画家いがらしゆみこ／エフエム北海道・中田美知子▶601〜アミノアップ化学・砂忠一／医薬研師・大嬉鎧陽／ラーメンをつくる人の物語・長谷川圭介／栄養教諭・須合香万／musica hall café・田所裕一朗／幌東ロータリークラブ・菊地章／mx mamaルーム・越後久美子／吉山商店・関山芳義／アサツー・ディ・ケイ・鈴木雅之／舞台演出家神村拓一朗／山下設計・海勝裕司／北海道武蔵女子短期大学・内田和男／健康工房カイロプラクティック skip・日黒聡美・浪亭・村井弘治／Dosanco Slala PRO・中上麗華／札幌らっきょ・イデゴウ／シュールボックス・澤村貴雄／デコ杖・大海恵聖／アイヌトプロジェクト・結城幸司／コンサドーレ札幌・野々村芳和／人形作家・日野西恵美子／グラフィックデザイナー・白山勇一／札幌円カレー黒岩・黒岩孝康／南風自転車店・有森暁二／ドリえドリ農耕・紀国陽二／つくるひと、たべるひと。みやちゆか／SOUP CURRKING・藤井秀紀／500メーターズ・福原明子／かどまみる・喜多洋子／REデザイン・飯坂健司／カメラマン・チェ・サンホ／私設海道南開拓史の会石黒直文／札幌医ゼミに行く会"すずらん"・福井俊／孤高のプリテンダー・得能大輔／怒髪天・増子直純／JTB・海道・古田和吉／じょうてつ・山口哲生／イラストレーター・似島春瑠奈／ひかりものJP・水谷格之／テックサプライ・幡俊子／刷coyote・亀井健／小林酒造・小林精志／がんコンシェルジュ・杉山絢子／マコマナイボウル・東奈緒美／辻石材工業・小原恵／クニファクトリー・平塚国則／EPO北海道・有坂美紀／札幌市立大学特任教員・渡辺仁史／ラジオパーソナリティ・森越啓子／シンセティ・折館ミチル／cafeクレタ・田村優実／SABER TIGER・下山武徳／RED・杉山雄一／ピンクダイヤ・中川美智代／SolxS・えのこの／さっぽろ若者ネットワーク・丸藤健悟／NPO Peach House・志堅原郁子／ギャラリー茶門・金時江／シンガーソングライダーあまのともみ／茜色クラリネット・佐藤楓子／シニア野菜ソムリエ・吉川雅子／めぐみの樹・大瀧めぐみ／バイオリニスト・杉田知子／アコーディオン弾き・よっちゃん／cafe chise minamina・行平久美／寄付をする人・尾崎利総／プロジェクトデザインセンター・岩井尚人／Car & Bar ROGA・太田見賞／巨珠空港の整備士・児島宜哉／八剣山ワイン・うべんバ・ピアンカ／メビウス・佐藤茂／行政書士ミタニ事務所・渋谷靖彦／土屋ホーム・川本譲／パントマイム・中村太一／北の居酒屋風雲児・鎌田仁／Auto Rimessa・武石仲也／実踏家・竹内実花／ウォーキング指導・yukie／札幌茶懐 茶譜・秋元美穂／スクラップブッキング・三上良子／cafe E.den・古畑葉子／き人嘲家・綴家段路／音楽処・石川千鶴子／羊毛フェルト工房 こころもこ・すぎたまり／マルミ企画・須藤祥子／石川尚美チーズサロン・川尚美／鶴雅グループ・大西希／氏家チャイルドサポート・氏家なを／松崎ビル・松崎孝弘／平岸中央商店街・中目雄介／苗穂駅辺まちづくり協議会・池田真士／事魂勢・昆野幸洋／札幌市消防団・大沢臣爾／札幌ライブラリアン・中村大志／アイヌアーティスト・小基／バティックアーティスト・麻生クミ／北都プロスレフェリー・クレイン中崎／メンタルサポートセンター・近江真愛／集い処えん・弄夜子／北海道テレビ放送・樋泉実▶701〜ファイナンシャルプランナー・須藤臣／ねこたまご・佐藤真紀、後藤志帆／舞台衣装・賀集友子／アンプティサッカー・前田和哉／エク・プロジェクト・勝村務／ガレキホルダー・中田源／丸美珈琲・後藤栄二郎／地酒ノ酒屋 愉酒屋成田昌浩／ラ・メーラ・村上岳夫／FOPPISH GIRL・CHIE／コムズワーク・高野由美／灯り作家・Maco／NMA・沼山良明／北海道ド興協議会・切明正勝／SAPPORO CITY JAZZ・竹平篤史／ジャズ探偵・松浦宏治／北海道farm's・辻村英樹／札幌女性起業家ミュニティEZONA・藤田絵理子／ラノペ・三木万裕子、佐藤玉／KITABIJIN・渡部隆志／北大大学院教授・平本健太／スノーボードジュニア世界大会優勝・濱田海人／サッポロバイクランプロジェクト・渡邉太郎／スペシャルオリンピックス・田頭理／車椅子の歌うたい・KA／箏曲山田流演奏家・日向豊郎／バンコーディネーター・森まゆみ／アウラ建築設計事務所・山下一寛／SARTO札幌店・阿知良満秋山記念生命科学振興財団・秋山孝二／札幌国際芸術祭キュレーター・飯田志保子／しらべ亭・舟見恭子／エスニコ・芦田科子／美容家・川根順次／札幌国際芸術祭事務局・山田一雄／イタリア大好きドットコム・ウッケッドゥ ダビデ／国際山岳医・大城和恵／スポッションプ古内・吉内一枝／祭の妖精・祭太郎／ガラス作家・上杉高雅／心理カウンセラー・村田純子／cafeきねずみ・森みちこ／熱風堀デザイナー・斉藤雅也也／椅子コレクター・織田憲嗣／現代美術家・上遠野敏／新千歳空港国際アニメーション映画祭・小野朋子／目刻家・谷口顕一郎／日本料理 潤花・中田潤／オフィスAZM・濱野まさひろ／ハラルフードアドバイザー・須見ウィディア／札幌中央ゴポールクラブ・明真希／北海道肉ソン大統領補佐官・阿野洋介／彫刻家・原田ミドー／ザ ドクターズ・板橋正喜／絵本作家・中井令ふきのとう文庫・倉倉嗣昌／さっぽろお多福連・長尾ゆみ／オフィス観音代表・ミュ山田／サウンドデザイナー&ウクレレ奏者・ダイナマイ